Tillmann Prüfer

Weiß der Himmel ...?

Wie ich über die Frage
nach Leben und Tod stolperte
und plötzlich in der Kirche saß

INHALT

Leben.

Das denke ich, während ich vom Krankenhaus zur U-Bahn gehe. Die kalte Winterluft in meinen Lungen, der Boden unter mir gefroren, ich muss darauf achten, nicht hinzufallen, einen Schritt behutsam vor den nächsten zu setzen. Das ist Leben.

Gerade habe ich mich von meinem Freund verabschiedet, ich habe ihn auf die Stirn geküsst. Sie war fiebrig heiß. Der Körper voller Aktivität. Unvorstellbar, dass der Mensch, dem er gehört, im Begriff ist zu gehen. Dass es seine letzten Stunden sind. Unbegreiflich das alles.

Drei Monate zuvor hatten wir noch einen Spaziergang durch die letzten Tage des sich verabschiedenden Berliner Sommers gemacht. Ich versuche, das alles innerlich nachzuvollziehen, es einzuordnen, aber es gelingt mir nicht.

Vor drei Monaten hat sich die Welt verdunkelt. So lange ist die Diagnose eines bösartigen Gehirntumors im linken Schläfenlappen bei meinem Freund her.

Er war ins Krankenhaus eingeliefert worden, nachdem seine Frau ihn bewusstlos in der Wohnung aufgefunden hatte. Am gleichen Tag hätten wir uns am Abend zum Essen treffen wollen.

Als ich davon erfuhr, dachte ich zunächst an zahllose Gründe, warum man ohnmächtig werden kann: Blutdruck, Hitze, Stress. Zu diesem Zeitpunkt war ich noch überzeugt, dass wir uns bald wiedersehen und darüber lachen werden. Dass diese Episode sich auflösen wird wie die allermeisten Ereignisse im Leben, die bedrohlich wirken, und man auf das Beste hofft. Man irgendwie darauf vertraut, dass alles gut wird.

Später am Tag erfuhr ich, dass mein Freund nicht in die Kardiologie eingeliefert worden war, sondern in die Neurologie. Er hatte einen epileptischen Anfall gehabt. Das klang ernst, aber nach etwas, das man mit Medikamenten in den Griff kriegen kann. Dann aber berichtete seine Frau, dass die Ärzte eine »Raumforderung« im Gehirn als Ursache vermuteten. Der Begriff hörte sich auf eine bedrohliche Weise harmlos an. Ich gab ihn bei Google ein. Und sah, dass es eine Chiffre für Gehirntumor ist. Und bald darauf sollte es sich als Gewissheit herausstellen. Mein Freund war an einem der aggressivsten bösartigen Gehirntumoren überhaupt erkrankt. Bei dem es nicht die Frage ist, ob man ihn überlebt – eher die Frage, wie lange und wie gut man damit leben kann.

Die Tage waren voller schlechter Nachrichten, die jeweils von noch schlechteren Nachrichten abgelöst wurden. Der Tumor beeinträchtigte vom ersten Tag an den Mann, an den man sich gewöhnt hatte. Das Tröstende war, dass hinter allen Beschwerden immer die Persönlichkeit meines Freundes leuchtete, dass er nie seine Liebe und seine Güte verlor. Der Tumor konnte ihm so viel nehmen, aber nicht seine Menschlichkeit und nicht einmal seinen Humor.

Seine Persönlichkeit hatte mein Leben gewärmt, vom ersten Tag an, als ich ihn kennengelernt hatte. Er war ein Mann der Sprache. Der schönen Sprache. Er hatte ein Gespür für die richtigen Worte. Er liebte gute Worte und gute Bücher. Und er wusste, was die richtigen Worte bewirken können.

Wir kannten uns seit zwölf Jahren. Ich erinnere mich noch, wie er mir an dem Abend, als wir uns kennenlernten – wir waren bei ihm zu Hause – viele Fragen stellte. Aber keine diente dazu, mich abzuprüfen oder einzuordnen. Er war unvoreingenommen interessiert. Er machte keine Anstalten, sich selbst in einem möglichst positiven Licht darzustellen oder zu beeindrucken. Er war humorvoll, aber ohne jede Spur von Eitelkeit. Sondern in einer schmeichelnden und zugewandten Weise. Alles war so bestellt, dass man sich in seiner Gegenwart wohlfühlte.

Als wir an jenem Abend später beisammen saßen, holte er eine Flasche Linie Aquavit hervor. Es ist ein altmodisches Getränk. Ein Anis-Geist, der in Sherry-Fässern reift, während er im Bauch eines Containerschiffes mitfährt. Mein Freund sagte, dass für ihn der Geist der Schiffsreise im Aquavit zu schmecken sei. Das Rollen der Wellen. Man könne sitzen und trinken und gleichzeitig reisen. Was man auch tue, man könne dabei reisen. In dem Augenblick wusste ich, wir würden Freunde werden.

Und jetzt verlässt er mich. Die vergangenen Monate sind wie ein Horrorfilm in meinem Kopf. Operation, Chemotherapie, Bestrahlung, Angst, Bangen. Ich hatte mir zuvor nie bewusst gemacht, wie wichtig mein Freund für mich geworden war. Und jetzt Abschied zu nehmen, das geht über meine Vorstellungskraft.

Die letzte Zeit lebte ich in dem ständigen Gefühl, zu wenig zu tun. Zu wenig Trost zu spenden, zu wenig zu tun, um stark an der Seite seiner Angehörigen zu sein. Die Kinder mussten in der Schule begleitet, der eigene Job musste bewältigt werden. Plötzlich bestand meine Welt, die gerade noch so geordnet schien, nur noch aus Chaos. Und ich hatte immer das Gefühl, alles zu tun – und trotzdem alles schuldig zu bleiben.

Das erste Mal in meinem Leben spürte ich, dass ich Gottvertrauen brauche. Dass ich eine beruhigende Stimme in mir nötig hätte, die sagt, dass alles gut werde. Eine Quelle der Kraft. Sie fehlt mir, ich hab sie irgendwann verloren. Ich tastete nach etwas in mir, das mir Halt geben könnte, aber ich griff ins Leere. Nur Erschöpfung in mir.

Ich habe viel Zeit damit verbracht, über meinen Freund nachzudenken. Es gibt zwei Dinge, die ich erst von ihm über die Welt gelernt habe: Es gibt keinen uninteressanten Menschen. Und wenn man vom Besten bei einem anderen Menschen ausgeht, hat man die größten Chancen, auch das Beste von ihm zu bekommen. In den zwölf Jahren, die ich ihn kannte, habe ich ihn kaum einmal über jemanden schlecht reden hören. Er war ein Mensch, der ohne Arg war. Er hatte niemals versucht, jemandem das Leben schwer zu machen. Er hatte keine Rechnungen zu begleichen. Wenn zwei im

Streit waren, war er es, der schon an die Zeit nach dem Streit dachte. Der verhindern wollte, dass sich beide Parteien so auseinandersetzen, dass kein Ausgleich mehr möglich wäre. Er dachte meist an seinen eigenen Vorteil zuletzt. Er war bereit, zuzuhören und immer wieder zuzuhören. Er war bereit zu verstehen. Er konnte sich dem Standpunkt eines anderen Menschen annähern. Es machte ihm keine Probleme, die eigene Position zu verlassen, um erfahren zu können, wie jemand anderes die Welt sieht. Er war ein guter Streitschlichter, weil er die Fähigkeit besaß, Brücken zwischen Menschen zu bauen.

Und jetzt verlässt er mich.

In all seiner Grausamkeit hatte der Tumor eine einzige Gnade. Mein Freund spürte keine Angst. Die Krankheit hatte ihn vom ersten Tag an stark eingeschränkt. Der fortschreitende Krebs, so schien es zumindest, machte es ihm wohl die meiste Zeit unmöglich, die Lage in ihrer ganzen Härte zu begreifen. Er wusste, dass er schwer krank war, aber es ließ ihn nicht verzweifeln.

Die meiste Zeit, die ich noch mit ihm verbrachte, war er dankbar für das Leben, das er gehabt hatte, und die Zeit, die ihm blieb. All die Qualen der Therapie ertrug er stoisch, erwähnte sie kaum einmal. Manchmal verdunkelte sich sein Zustand, sodass er kaum Worte fand. Dann wieder war es gewesen, als bräche die Sonne hervor, und er machte Witze. Er konnte gutes Essen und guten Wein genießen, Zuneigung zeigen und empfangen. Immer wieder saßen wir gemeinsam vor dem Fernseher und schauten Sportschau und kommentierten die dürftige Spielweise seines Lieblingsvereins Werder Bremen, die schlechten Spielerzukäufe und die Chancen, jetzt noch die Liga zu erhalten. Dann redeten wir, als sei das einfach irgendeine Bundesliga-Saison, als fürchteten wir nicht, es sei unsere letzte.

Ich habe den Tod mein ganzes Leben lang weggedrängt, in die Ecke gestellt. Jetzt trifft er mich, als wäre ich gegen eine Wand gerannt. Ich habe immer so getan, als wäre es ein

Problem, das vor allem andere betrifft. Mit dem man sich irgendwann mal beschäftigen könnte. Irgendwann ist jetzt. Aber ich bin noch im Irgendwo. Bis jetzt lebte ich in dem Gefühl, die Dinge im Griff zu haben. Wo ein Problem war, da konnte man etwas tun. Es gab eine Lösung, die zumindest eine Besserung versprach, ich konnte Zuversicht versprechen und Hoffnung verbreiten. Nun weiß ich, dass das eine kühne Annahme war. Es müssen nur die allerbanalsten Dinge geschehen, Dinge, die ständig überall auf der Welt passieren, wie der Tod eines geliebten Menschen. Und schon sind alle Strategien hinweggefegt. Die Frage nach dem Jenseits. Nichts, was ich erlebt habe, kann eine Antwort darauf geben. Aber als ich mich von meinem Freund verabschiedet habe, war ich mir auf einmal ganz gewiss, dass es etwas nach dem Leben gibt. Ich sah einen schwer atmenden Menschen, der sich auf einen Übergang vorbereitet. Wie ein Junge, der auf einem Zehn-Meter-Brett steht und sich nicht traut zu springen.

Die letzten Stunden verbringt er mit seinen engsten Angehörigen. Man sagt, dass Sterbende mit über ihr Sterben bestimmen. Vielleicht muss man sich zum letzten Atemzug wirklich entscheiden. Mein Freund entscheidet sich wenige Stunden nach meinem Abschied zu sterben. Die dabei waren, sagen, er habe ausgesehen wie eingeschlafen, nur ohne eine Regung. Alle Anspannung sei von ihm gewichen, und dann, nach einer Weile, habe er sich in die sterbliche Hülle seiner selbst verwandelt. Ganz, als ob die Seele aus ihm gefahren sei. Mein Freund ist gegangen.

Kurz bevor ich das Krankenhaus verlassen habe, hatte ich auf dem Weg nach draußen in der Krankenhaus-Kapelle vorbeigeschaut. Ein düsterer Raum mit wenig Trost. Aber vermutlich wird keiner der Besucher hier mit gleichgültigen Gefühlen sitzen. Ich betete zu Gott, dass er meinen Freund gut begleiten möge.

Es war in dieser Situation ganz selbstverständlich zu beten.

Das erste Gefühl nach dem Tod eines geliebten Menschen, der schrecklich krank gelegen hat, ist Erleichterung. Das Unvermeidliche ist eingetreten, die Leiden sind vorbei, kein Schmerz, kein Röcheln nach Luft mehr. Und es gibt noch Sachen zu tun. Handlungen, die einen mit dem Verstorbenen verbinden. Eine kurze Phase der regen Beschäftigung, des Organisierens und der Vorbereitungen. Bevor einen die Trauer mit voller Wucht ergreift und verschlingt. Die Trauerfeier ist in einer Kirche in der Nähe der Wohnung meines Freundes. Eine Wohnung, die seine Frau und er seinerzeit bezogen hatten. Meine Bemühungen, an der Trauerfeier mitzuwirken, kommen mir hilflos vor. Aber sie sind das Einzige, was ich tun kann. Es sind viele Menschen gekommen, unglaublich viele, wenn man bedenkt, dass mein Freund erst vor kurzer Zeit in diese Stadt gezogen war. Auch der Pastor ist eigens angereist.

Der Sarg steht vor uns aufgebahrt, er ist da – und doch begreife ich nicht, dass er da ist. Die Musik ist schön. Freunde reden auf der Kanzel über ihn. Sein Foto steht auf einer Staffelei neben dem Sarg. Er blickt darauf freundlich lächelnd, gleichzeitig ein bisschen zweifelnd. Ein Bild, das sein Leben trifft.

Nach dem Gottesdienst machen sich die Gäste auf, zum Café, welches für die Trauerfeier gemietet ist. Die Blumen werden abgebaut, das Bild meines Freundes wird auch dorthin gebracht.

Der Sarg wird in einen Wagen getragen, man fährt ihn ins Krematorium. Hier vor der Kirche, an einer Berliner Hauptstraße, ist der eigentliche Abschied. Zwölf Jahre durfte ich diesen Mann kennen, und nun trennen sich unsere Wege. Er fährt davon.

Ich finde, das Essen nach einer Trauerfeier ist das eigentlich Wichtige. All die Menschen, mit denen sich jemand umgeben hatte, kommen noch einmal zusammen. Manche werden sich danach im Leben nicht wiedersehen, manche lernen sich hier erst kennen. Was für ein Leben jemand geführt hat, wie er mit anderen umgegangen ist, das wird hier spürbar. Es ist, als würde noch einmal der Geist des Verstorbenen in die Mitte seiner Leute gerufen. Trauerfeiern können trostlose Anlässe sein, bei denen Menschen in schweigender Bedrücktheit Kuchen essen. Und dann gibt es solche wie die meines Freundes. Die Leute essen, trinken und lachen sogar miteinander, Kinder spielen und albern. Ich lerne einen Akrobaten kennen. Er erzählt mir von seinem Leben als freischaffender Künstler.

Ich glaube: Ein Teil unseres Wesens, vielleicht sogar unserer Seele, besteht aus den Menschen, mit denen wir uns umgeben, den Leuten, die uns kennen. All diese Menschen, deren Gemeinsamkeit es ist, dass sie mit meinem Freund verbunden waren, harmonieren auf dem Fest wunderbar miteinander. Der Akrobat zeigt den Kindern, wie man einen Handstand macht. Unglaublich, denke ich: eine Totenfeier, auf der Handstand geübt wird. Das hätte meinem Freund sehr gefallen.

Einerseits ist es so, als feiere er mit. Als wäre er gerade irgendwo hier im Raum unterwegs, mal an diesem Tisch parlierend, mal an jenem jemanden umarmend. Nur immer wohl gerade dort, wo man selbst nicht ist. Dann wiederum wird mir auf unwirkliche Weise klar, dass er hier fehlt. Das hätte meinem Freund so gut gefallen. Doch jetzt fehlt er hier, denke ich. Und trotzdem ist er irgendwie da. Weil meine Liebe für ihn spürbar ist. Und diese ist lebendig. In dem Moment ahne ich, was das Wesen der Seele ist.

So viele Momente auf der Welt schienen mir vor allem dafür geschaffen, dass mein Freund sie wahrnimmt und genießt. Oft denke ich, dass er etwas besser wahrnehmen könnte, mehr sehen und mehr schmecken könnte als ich. Und dann kommt es mir wieder unglaublich vor, dass er nicht mehr da ist. Dass er fehlt. Er wird noch so oft ganz furchtbar fehlen.

Ich habe mir nie Gedanken über die Seele gemacht, jetzt denke ich ständig daran. Plötzlich sinniere ich wie selbstverständlich über solche scheinbaren abstrakten Dinge. Plötzlich sind die großen Fragen nach Leben und Tod einfach bei mir angekommen. Wo ist mein Freund jetzt? Kann er einfach so verschwinden? Wie kann jemand für viele Menschen so bedeutend sein und dann vollkommen verschwinden? In den Nachrichten ist der Tod nur eine Zahl. Er klingt so selbstverständlich. Wenn man ihn aber direkt miterlebt, ist er völlig unverstehbar und eine mächtige Gewalt.

Mein Freund war ein Seelenmensch. Alle waren sich darin einig. Aber die Seele ist gewichen. Wo ist sie? Das beschäftigt mich ständig, die Gedanken drehen Schleifen in meinem Kopf. Wo ich etwas über den Tod lesen kann, sauge ich es in mir auf, als könnte es mir helfen, das Erlebte zu bewältigen. Ich lese im ZEITmagazin ein Interview mit Gerold Eppler. Der leitet in Kassel das Museum für Sepulkralkultur, also Begräbniskultur. Er sagte, dass früher die Angehörigen für den Sterbenden beteten, damit die Seele »vom Bösen in der Nachwelt verschont würde«. Heute stünden eher die Angehörigen im Vordergrund, die sich mit der Vorstellung von der Seele über den Verlust hinweghelfen würden. Das stimmt, ich stelle mir vor, dass für meinen Freund die Dinge nun gelöst sind. Wir, die Zurückgebliebenen, sind es, die Beistand brauchen.

Es ist das erste Mal, dass ich das Gefühl habe, philosophische Fragen würden mein Leben direkt betreffen. Ich versuche, mehr über den Begriff der Seele zu erfahren. Ich beschäftige mich das erste Mal im Leben damit, die Philosophie macht das schon die ganze Menschheitsgeschichte lang. Dass der Mensch eine Seele habe, wurde selten bestritten. Homer glaubte, dass die Seele von außen in den Körper eindringe und nach dem Tod wieder entweiche. Später haben Philosophen darum gerungen, ob die Seele stofflich sei oder nicht und ob sie sterblich sei oder unsterblich. Ob sie eine Einheit ist oder aus mehreren Teilen besteht. Ob sie sich bewegen könne oder an einen Körper gebunden sei. Und wo im Körper sie sitzt. Man vermutete sie im Gehirn, im Herzen oder im Blut. Man stellte sich vor, dass sie über einen Botenstoff, das Pneuma, mit dem Körper kommuniziere.

Die Anhänger Epikurs glaubten, die Seele würde mit dem Körper sterben. Für Platon war der Großteil der Seele unsterblich, nur der Teil, der für die Begierde zuständig war, würde vergehen. Mit dem Erstarken des Christentums näherte man sich Platons Idee von der Seele an: einer Seele, die nach dem Tod den stofflichen Körper verlässt und in einem geistigen Körper weiterlebt.

Im Christentum verlässt die Seele nach dem Tod den Körper und fährt auf zu Gott, wo sie wohnt bis zum Jüngsten Gericht. Martin Luther war ebenso von der Seele überzeugt. Für ihn begann das Leben nach dem Tod schon vor dem Tod. Das irdische Leben sei nichts anderes als »ein Vorlauf oder besser ein Anfang des zukünftigen Lebens«. Das gelte für jeden Menschen: »Der Mensch ist hinsichtlich seines zeitlichen Körpers im gegenwärtigen Zeitraum, hinsichtlich der Seele aber im zukünftigen. Beide nämlich enthält er, und an beiden hat er teil.« Im Sinne Luthers hat mein Freund also nur seinen zeitlichen Körper hinter sich gelassen. Der Tod ist bei ihm eine neue Geburt. In diesem hätte mein Freund mich nicht verlassen, er wäre nur vorangegangen.

Aber je mehr ich versuche, über die Seele zu erfahren, desto verzweifelter komme ich mir vor. Als wollte ich etwas Übersinnliches in die messbare Welt zerren, damit ich es einordnen und verstehen kann, damit ich daran glauben kann. Aber wie kann Rationalität bei meiner Traurigkeit helfen? Es ist wohl das Wesen der Seele, dass man sie nicht verstehen kann.

Deswegen wirkt alle Forschung über die Seele schnell bizarr. Am bekanntesten wurde damit wohl der amerikanische

Arzt Duncan MacDougall. In seinem später als unwissenschaftlich erkannten Experiment wog er sechs sterbende Patienten – vor und nach deren Tod. Er errechnete die durchschnittliche Gewichtsdifferenz auf 21 Gramm – das war für ihn das Gewicht der Seele.

So fruchtlos es für mich ist, die Seele verstehen zu wollen, so hilft es mir doch, mit anderen darüber zu sprechen. Über die Seele zu reden, das fällt den meisten leichter, als sich über Gott oder das Leben nach dem Tod auszutauschen. Ich führe im Rahmen einer Recherche ein Interview mit der Philosophin Theresa Züger. Sie beschäftigt sich mit den gesellschaftlichen Auswirkungen künstlicher Intelligenz. Ich befrage sie auch zur Seele. Ob eines Tages eine intelligente Maschine eine Seele haben könnte. Sie bezweifelt das. Sie sagt, der Begriff habe viel mit der menschlichen Empathie zu tun. Wir Menschen sprechen allen möglichen Dingen eine Seele zu. Wir geben unserem Auto einen Namen, und wenn es erst anspringt, wenn wir das Lenkrad streicheln, sehen wir darin ein Indiz für seine Persönlichkeit. Theresa Züger erzählte von einem Experiment der US-Forscherin Kate Darling: Man hat Menschen mit kleinen Spielzeug-Robotern spielen lassen und ihnen gesagt, dass sie einen Namen haben. Danach gab man ihnen den Auftrag, das Spielzeug zu zerstören. Sie konnten es nicht. Die Apparate waren ihnen ans Herz gewachsen. Sie empfanden sie als beseelt.

Ich glaube, diese Teilnahme am anderen macht für mich die Seele aus: Es gibt wohl kein anderes Lebewesen, das so komplexe empathische Fähigkeiten hat wie der Mensch. Wir können das Leid eines anderen empfinden, als sei es unser eigenes. Wenn wir leiden, wenn wir uns freuen, existieren diese Gefühle also nicht nur in uns, sondern auch in jenen, die uns nahestehen. Gewissermaßen breiten wir uns so in andere Menschen aus. Das Seelische verbindet uns.

Auch der Begräbnisforscher Eppler wurde zur Seele befragt. Er meinte, die Seele sei »etwas, was unzerstörbar ist«. Man bewirke mit seinem Handeln etwas, das auch ohne die persönliche Anwesenheit wirkt. Allein schon bei einer einzigen Begegnung. Man sage etwas, der andere ginge darauf ein. Ein Gedanke gehe in den anderen über und lebe so fort. Die Seele sei also etwas, das Individuen verbindet. Der Sitz der Seele wäre demnach nicht in den Menschen – er wäre zwischen den Menschen.

Diese Vorstellung gefällt mir. Es bedeutet, dass mein Freund schon vor seinem Tod nicht nur in seinem Körper gelebt hat, sondern auch in den Gedanken der Menschen, die um ihn herum waren. All die liebende Teilnahme der Menschen, die ihn umgaben, gehört zu seiner Persönlichkeit. Sie ist nicht von ihm zu trennen. Die lieben Worte, die mein Freund mir immer wieder aus heiterem Himmel gesagt hat. Die Anteilnahme, mit der er nie »Wie geht es dir?« gefragt hat, ohne auch in diesem Moment aufrichtig wissen zu wollen, was in mir vorgeht. All diese Erinnerungen an ihn gehören zu dem Gewebe, aus dem seine Seele besteht. All das ist auch nach seinem Tod noch in der Welt. Es besteht in den Gästen der Trauerfeier, es besteht in mir.

Das bedeutet natürlich auch etwas für die Lebenden. Alles, was man für andere tut, tut man für seine Seele. Mein Freund hat unglaublich viel für andere getan. Ich verstehe ihn nun sehr gut. Manche sagen, er sei zu selbstlos gewesen, er hätte mehr an sich denken sollen. Aber es war gar keine Selbstlosigkeit. Es war sogar das Gegenteil von Selbstlosigkeit, es war die Behauptung seines Selbst.

Wenn mir das nächste Mal jemand sagt, man müsse unbedingt mehr für sich selbst tun, werde ich mich daran erinnern. In meinem Badschrank steht eine Schachtel Badeperlen. Sie heißen »Die Seele baumeln lassen«. So viel weiß ich jetzt: Ich will keine baumelnde Seele. Ich will eine bärenstarke Seele wie die meines Freundes haben.

Sonst weiß ich nichts. Da ist nur das Loch in mir, durch das ich falle, falle, falle.

Und Dunkelheit.

Ich würde gerne mit Ihnen über Gott sprechen. Das war ein Satz, den ich schon öfters gehört habe. Meist von Leuten, die ein Exemplar des »Wachtturm« in der Hand hielten. Ich wollte dann nie über Gott sprechen. Ich entfernte mich stets zügig. Sorry, ich kenne niemanden, der einfach mal so über Gott sprechen möchte. Es ist auch nicht so einfach, über Gott zu sprechen, oder? Mit Gott und mir ging es gleich kompliziert los. So früh, dass ich fast nicht auf die Welt gekommen wäre. Meine Mutter ist Protestantin, mein Vater Katholik. Als die beiden heiraten wollten, machte es der katholische Pfarrer zur Bedingung, dass er die Trauung nur vollziehen würde, wenn meine Mutter ihm zusicherte, dass sie alle Kinder, die aus dieser Verbindung entspringen würden, katholisch taufen lassen würde. Meine Mutter schlug empört aus. Sie wollte nämlich ganz bestimmt keine kleinen Katholiken gebären. Also hätten meine Eltern beinahe nicht geheiratet. Ich wäre vielleicht nie auf die Welt gekommen, hätte sich nicht doch noch ein freundlicher Pfarrer gefunden, der bereit war, meine Eltern ohne Schäfchenklausel vor den Altar zu bringen. Und so wurde ich evangelisch getauft. Ich kann nicht sagen, ob Gott wirklich viel Freude an mir hatte.

Ich muss allerdings sagen, dass ich seit einiger Zeit nichts lieber höre, als wenn Menschen mir von Gott erzählen. Ich habe nie zwei Erzählungen gehört, die sich glichen. Für jeden ist Gott etwas anderes. Mal ist er ein enger Freund, mal ein tief sitzendes Gefühl. Mal eine Sehnsucht. Mal hasst man ihn. Ich habe niemanden getroffen, für den Gott nichts ist.

Manche berichten sogar von Begegnungen mit Gott. Das würde ich für mich nicht so feststellen wollen. Ich könnte höchstens behaupten, dass Gott vor einiger Zeit eines Morgens zwei Topfdeckel über meinen schlafenden Ohren zusammengeschlagen hat. So hörte es sich an jenem Morgen zumindest an. Ich fuhr hoch und stellte fest, dass es die Glocken der nahen Kirche waren, die mich geweckt hatten. Ich versuchte, die verschiedenen Glocken auseinanderzuhalten. Eine große und zwei kleine, glaube ich. Dann fiel mir ein, dass es ja tatsächlich um mehr ging. Hier begann gerade ein Gottesdienst. Ein Pfarrer, der vorne am Altar Position bezieht, ein Organist, der in die Tasten haut. Mir fiel ein, dass ich den Pfarrer nicht kannte und dass ich den Organisten nicht kannte und schlicht keine Ahnung hatte, wie es in dem Gebäude aussieht. Die Kirche in meinem Stadtteil liegt nur ein paar Minuten zu Fuß entfernt. Ich zahle Kirchensteuer. Es ist also, als ob ich den Beitrag für ein Fitnessstudio löhnen würde, ohne hinzugehen. Mein Blick fiel auf meine Frau, die neben mir lag und schlief. Bestimmt würde sie noch eine Stunde weiterschlafen. Ich könnte weiter nachdenken oder einfach in diese Kirche gehen. Bis sie aufstehen würde, wäre ich schon wieder da. Ich schlüpfte in eine Hose, zog ein T-Shirt über, und schon war ich an der Tür. Meine Frau hob den Kopf. »Wo gehst du denn hin?« – »In die Kirche«, sagte ich, als sei das das Selbstverständlichste der Welt. »Hm«, sagte meine Frau und drehte sich wieder in die Kissen. Unglaublich, dachte ich. Ich bin tatsächlich auf dem Weg in die Kirche. Draußen vor der Haustür traf ich auf vereinzelte Berliner Partygänger, sie trotteten von den Clubs, wo sie die Nacht durchtanzt hatten, nach Hause oder in ihre Hotels. Aber keiner von denen ging jetzt in die Kirche. Etwas Verrückteres als ich macht jetzt gerade niemand in Berlin, dachte ich.

Ich überlegte, wann ich das letzte Mal in einem Gottesdienst gewesen war. Also außer an Weihnachten. Ich glaube, es war in London. Es war mehr als ein halbes Jahr her. Ich bin Modechef eines Magazins. Das bedeutet auch, sehr viel unterwegs zu sein. Und zwar zu Modeschauen, die an allen möglichen spektakulären Orten abgehalten werden. Je ausgefallener die »Location«, desto größer die Medienaufmerksamkeit. So war ich auch einmal bei einer Vorführung einer italienischen Luxuskollektion in der Westminster Abbey. Im Rahmenprogramm der Schau wurde auch angeboten, den Männerchor der Abtei zu hören. Was den Veranstaltern allerdings nicht klar gewesen war, war, dass solch ein Chor in den meisten Fällen nun einmal im Rahmen eines Gottesdienstes auftritt. Also saß plötzlich die gesamte Gesellschaft, die es eher gewohnt war, teure Handtaschen anzubeten, in einem anglikanischen Gottesdienst und musste das Vaterunser beten und knetete dabei nervös die Smartphones wie andere den Rosenkranz. Es war manchen sichtlich unangenehm. Offenbar konnten sie nicht verstehen, wir man einen so tollen Ort wie eine alte Kirche für so etwas Grässliches wie einen Gottesdienst nutzen könnte.

Ich weiß noch, dass der Gesang der Männer mich sehr viel mehr beeindruckt hatte als die Looks auf der Modenschau. Es war, als würden die Stimmen wie Wellen eines aufgewühlten Meers ineinanderschwappen. Im Chor gab es alle Arten von Männern: alte, junge, gepflegte, ungepflegte, fette, dürre. Sie alle hatten würdevoll die Hände vor dem Bauch ineinandergelegt. Es sah nicht so aus, als sängen sie selbst, sondern als ströme eine Stimme von irgendwo anders her durch sie hindurch und recke ihre Körper. Vor allem aber sahen sie aus, als seien sie alle genau am richtigen Platz in ihrem Leben angekommen. Das haben sie mir voraus, dachte ich bei ihrem Anblick.

Den anderen Besuchern war es nicht so gegangen. Dass Gott sie eine Stunde davon abgehalten hatte, ihre Smartphones zu benutzen, war für sie offenbar die Hölle gewesen. Einer war davongestürmt, sein Handy in die Luft gereckt wie eine Monstranz, und hatte gerufen, er müsse die ganze Welt zurückrufen: »I have to call back everyone.«

Vielleicht war es auch der Eindruck dieser stolzen Männer gewesen, deren fester Platz auf der Kirchenbank war, der in mir die Neugier auf die örtliche Kirche geweckt hatte. Die

Kirche in meiner Nachbarschaft ist ein mächtiger Ziegelbau mit einer Kuppel, so groß wie die eines Atomkraftwerkes. Man konnte sich schon vorstellen, dass dort würdevolle Gottesdienste abgehalten würden.

Als ich nun an der Kirche in meiner Kreuzberger Nachbarschaft ankam, waren die Glocken schon verstummt, und stattdessen war Orgelmusik zu hören. Vor der Kirche stand ein Schild: »Gottesdienst. Bitte verhalten Sie sich angemessen, die Kirche steht Ihnen danach wieder zur Besichtigung zur Verfügung.« Wahrscheinlich ist es besser, das hinzuschreiben, damit die Leute nicht mit ihren Bierdosen das Gotteshaus betreten. Das haben die Menschen heute nicht mehr so parat, dass es in einer Kirche sonntags mitunter Gottesdienste gibt. Als ich die Tür öffnete, stand ich in einem gewaltigen Raum. Mir orgelten Etüden von Bach entgegen.

Sie waren auch der Grund, warum ich nicht sofort wieder die Tür schloss, denn ansonsten hätte ich gedacht, nicht zu einem Gottesdienst, sondern zu einer Sitzung einer Selbsthilfegruppe gestoßen zu sein.

Ich sah einen großen Raum, der oben mit einer großen Kuppel abschloss, gut 40 Meter hoch. Rechts und links der Kuppel wölbten sich zwei Seitenschiffe. An der Seite verlief ein Säulengang mit Türen, die ins Irgendwo führten. Die Wände weiß gekalkt. Es hingen keine Figuren an der Wand, kein Kruzifix, keine Sinnsprüche. Es gab keine Kanzel und keine Bänke, nur ganz viel Platz. Auf dem Boden ein großer, wenig charmanter Sisal-Teppichboden und Stühle wie in einem Konferenzraum.

Und auf diesen Stühlen saßen einige Wenige. Eine Handvoll Leute in dem riesigen Gebäude, die wirkten wie Bojen in einem Stühlemeer. Das war also die Gemeinde. Die Pfarrerin erhob sich vorne von ihrem Platz und schritt zum Altar. Der Gottesdienst – jetzt ging er los.

Ich hatte das schon gehört, dass sich in den vergangenen 20 Jahren die Zahl der Gottesdienstbesucher halbiert hat. Was bedeutet, dass kaum eine Institution effektiver die eigenen Mitglieder von ihren Veranstaltungen fernhält. Früher war es eine Sache des Standesbewusstseins, den Gottesdienst zu besuchen, wer da war, war wer. Heute ist es keine Sache des persönlichen Prestiges oder eine gesellschaftliche Pflicht mehr, sonntags in die Kirche zu gehen. Aber ich hätte nicht gedacht gehabt, dass das bedeutete, dass eine große Kirche in Berlin sonntagmorgens so leer ist wie ein Kaufhaus nach Ladenschluss.

Aber ich war nun einmal da – und bekam gleich richtig zu tun. Für den Gottesdienstbesucher lagen Programme bereit. Es war eine gefaltete DIN-A4-Seite. Eine Art fromme To-do-Liste. Auf der ersten Seite ein Bild von der Kirche. Der Rest gefüllt mit Anweisungen. Es ging gleich voll los. Ich hatte in Erinnerung, dass man bei Gottesdiensten vor allem lauscht oder singt. Aber mein Zettel hier war so ausführlich, als sollte ich eine Rolle in einem Sprechtheater übernehmen.

Nun wurden Psalmen gesprochen (mein Vater hatte früher im Gottesdienst, wenn es etwas zu sprechen gab, immer »Hrmbrmbrmhrm« gebrummt, und so machte ich es nun auch). Im »Wort des lebendigen Gottes« ging es darum, wie Jesus einen Blinden sehend gemacht hatte. Jesus sagt, der Mann sei blind, damit Gottes Werk an ihm offenbar werde. Das klang etwas hart, fand ich.

Es wurde gesungen (ich fand das Lied nicht, konnte der Melodie nicht folgen und auch keine Noten lesen), und zum Friedensgruß sollte man dem Nachbarn die Hand geben. Problem: Es gab keinen Nachbarn. Niemand neben mir, nur zwei Damen ein paar Reihen weiter. Plötzlich großes Stühlerücken im Raum. Eine der Damen schaute mich fest an, sagte »Schalom«, sie hielt meine Hand fest.

Allerdings: Die Orgel klang wunderbar. Durch eines der hohen Fenster fiel ein Lichtstrahl genau auf mich. Es hatte etwas Salbendes. Als dürfte ich mich kurz ausruhen, als würde mir dieser Raum kurzfristig Asyl anbieten. Asyl vom Leben.

Jetzt hob die Pfarrerin zum Fürbitten-Gebet an, und nun hieß es schon wieder aufstehen. Und nun wusste ich wieder, was mich an der Kirche immer gestört hat. In dem Gebet ging es darum, dass überall auf der Welt Schlimmes passierte, in Syrien, in Libyen, aber auch in Sachsen – wir aber so täten, als ginge uns das nichts an. Und dafür würden wir Gott um Verzeihung bitten. Das hatte mich schon als Konfirmand im Gottesdienst aufgeregt. Wie kann diese Pfarrerin wissen, ob ich das Leid der Welt tatsächlich schulterzuckend hinnehme? Ich fühlte mich wie als Kind, als meine Eltern sich bei Gästen schon vorsorglich für mein schlechtes Benehmen entschuldigten. Dabei hatte ich noch gar nichts gemacht. ICH HABE NICHTS GEMACHT, dachte ich ganz laut bei mir. Als ich Konfirmand war, hatte sich der Pfarrer redlich bemüht, einem ein schlechtes Gewissen zu machen. Darauf war ich gar nicht aus. Als 14-Jähriger hatte man das schlechte Gewissen durch seine Eltern sozusagen frei Haus bekommen, man musste dafür eigentlich nicht aus der Tür gehen. Darüber hinaus mussten wir damals in der Kirche für die Vergebung der Sünden beten. Verdammt, als 14-Jähriger hätte ich ja gerne mal ein paar Sünden begangen, aber ich bekam dazu keine Gelegenheit.

An all das musste ich denken, da kam schon das nächste Lied dran, und ich kam mal wieder mit Blättern nicht hinterher. Wie konnten die hier alle in diesem Buch so schnell die Seiten finden?

Dann passierte etwas, auf das ich nicht vorbereitet war. Die Orgel spielte »Lobet den Herren«. Die Gemeinde sang – und ich sang mit, denn dieses Lied kannte ich.

Lobe den Herren, den mächtigen König der Ehren,
meine geliebte Seele, das ist mein Begehren.
Kommet zuhauf, Psalter und Harfe, wacht auf,
lasset den Lobgesang hören!

Es war eines der wenigen Kirchen-Lieder, die mir etwas sagten. Es war das Lieblingslied meines Großvaters. Mein Großvater, der einerseits als Wissenschaftler Wissen nur auf

Beweise stützte und andererseits einem völlig unbeweisbaren Glauben anhing. Wie konnte das zusammengehen? Ich habe das nie verstanden, aber nun, während ich dieses Lied sang, spürte ich es. Ich vermisste meinen Opa, das letzte Mal habe ich das Lied bei seiner Beerdigung gesungen. Ich hatte damals geheult, bis kein Tropfen mehr in mir war. Die ganze Zeit war ich gefasst gewesen und nüchtern, aber als ich meinen Mund zum Singen aufmachen musste, war alles in mir zusammengebrochen.

Lobe den Herren, der künstlich und fein dich bereitet,
der dir Gesundheit verliehen, dich freundlich geleitet.
In wie viel Not hat nicht der gnädige Gott
über dir Flügel gebreitet!

Für mich handelte dieses Lied vom Tod und von der Sehnsucht nach Ewigkeit, von der Liebe der Menschen zueinander und einer Liebe, die die Welt beherrscht. Es handelte für mich in diesem Moment von allem.

Lobe den Herren, was in mir ist, lobe den Namen.
Alles, was Odem hat, lobe mit Abrahams Samen.
Er ist dein Licht, Seele, vergiss es ja nicht.
Lob ihn in Ewigkeit! Amen.

Als die Orgel verhallte, war ich innerlich komplett aus den Fugen. Ein Lied hatte genügt, um mich aus der Fassung zu bringen. Meine Augen waren feucht, ich hätte in diesem Moment in Schluchzen ausbrechen können.

Von der Predigt bekam ich nichts mit, so sehr war ich mit mir beschäftigt. Es folgte das Vaterunser. Das hatte ich im Religionsunterricht auswendig gelernt. Ich sprach es leise mit. Ich weiß nicht, ob ich betete, oder ob ich einfach stolz war, auch etwas auswendig zu können.

Ich ließ den Schlusssegen über mich ergehen und wollte mich davonmachen. Allerdings kam ich nicht weit. Am Ausgang stand die Schalom-Frau. Sie streckte mir unvermittelt die Hand entgegen. »Hallo, ich bin Marie-Luise, wir haben uns bestimmt schon einmal gesehen.« Ich erklärte ihr, dass ich in der Nachbarschaft wohne und einfach mal habe vorbeischauen wollen. Marie-Luise meinte, das sei sehr schön. Sie freue sich immer über neue Gesichter in der Gemeinde. Ich nickte und sagte, es sei ein netter Gottesdienst gewesen, eine tolle Orgel. Marie-Luise drückte mir ein Heftchen in die Hand. »Das ist der Gemeindebrief«, sagte sie. Ich nahm das Heft, »Thomasbote« stand darauf. Ich nickte mit einem starren Lächeln, dann trollte ich mich.

Den Thomasboten entsorgte ich bald in einem Straßenmülleimer. Insgesamt aber war ich nach meinem Kirchenbesuch seltsam beschwingt. Die Dinge in mir waren geerdet. Ich hatte ein gutes Gefühl. Ähnlich, wie wenn man nach langer Zeit wieder mal mit seinen Eltern telefoniert hat. Als ob nach langer Zeit wieder etwas in mir zusammengefunden hatte. Aber was hatte ich denn verloren? Das Licht, die Stimmen, die Musik, irgendwie hatte mir das gutgetan. Hatte es mir denn gefehlt?

Die Kirche hatte mich seit meiner Jugend vor allem negativ beschäftigt. Ich fand die Gegner der Kirche interessanter. Ich war links und hielt mich daran, was Karl Marx gesagt hat über die Religion: Sie sei das Opium des Volkes. Auch Trotzki hatte über die Kirche geschrieben. Trotzki war Kommunist, ein Feind der Kirche. Und da ich in meiner Jugend Mitglied einer trotzkistischen politischen Gruppe war, las ich Trotzki und war auch ein erklärter Feind der Kirche. Die Kirche war aber auch ein dankbarer Feind, man konnte gegen sie schimpfen, wie man wollte, sie schlug nie zurück.

Ich erinnerte mich, dass Trotzki, der Kommunistenführer, einmal genau vor der Sinnlichkeit der Kirche gewarnt hatte: »Das Element der Zerstreuung und des Vergnügens spielt beim kirchlichen Ritual eine große Rolle. Die Kirche wirkt durch bühnenmäßige Einwirkung auf das Auge, auf das Ohr und auf die Nase.« Er propagierte das Kino, um der

Kirche den Garaus zu machen:»Ohne eine Priester-Hierarchie notwendig zu haben, wirft das Kino auf seine weiße Leinwand noch viel packendere Bilder als die Kirche, die Moschee, die Synagoge, als das reichste dieser ›Gotteshäuser‹ kann.«

Der Kommunismus ging schließlich noch früher futsch als die Kirche. Und hatte ich an jenem Sonntag nicht überlegt, mit meiner Frau ins Kino zu gehen? Als ich nach meinem Kirchenbesuch nach Hause kam, war ich ganz zufrieden. Zufrieden, dass ich der Erste war, der im Gegensatz zu der sich gerade aus den Betten schälenden Familie etwas erlebt hatte.

Ich ahnte nicht, dass das nur der Anfang eines viel größeren Abenteuers werden würde.

4 MEIN GOTT

Meist musste ich nicht viel über das Jenseits nachdenken. Ich hatte schon mit dem Diesseits ziemlich zu tun. Meine Jobbezeichnung bei dem Magazin, wo ich arbeite, ist »Style Director«. Wer fragt, was ein Style Director eigentlich so macht: Das ist der Sinn des Titels. Als ich meinen Job angetreten habe, habe ich mir diese Bezeichnung selbst ausgedacht. Ich kann nur empfehlen, sich den eigenen Beruf stets selbst auszudenken. Es hört sich imposant an, nach Verantwortung, Kompetenz und Führung. Gleichzeitig wird für Außenstehende schwer erkennbar, was man denn so tut.

Ich kümmere mich vor allem um Mode und Design. Also um Sachen, die man anziehen kann, oder Dinge, die man sich in die Wohnung stellen kann. Es geht um schöne Dinge. Schönheit hat allerdings manchmal ihren Preis. Vieles, was ich auf die Seiten unseres Magazins bringe, ist begehrenswert. Man möchte es anziehen, fühlen. Unterdessen bin ich schon zur nächsten Fashion-Show unterwegs, wo ein neues Kleid über den Laufsteg läuft, ein neues Begehren. Dieses neue Kleid ist dann, wenige Augenblicke nachdem es die Welt erblickt hat, schon auf etlichen Instagram-Channels zu sehen, weil Leute wie ich es fotografiert und kommentiert haben, noch bevor die Show zu Ende ist. Und gleich danach dränge ich mich mit anderen Journalisten hinter die Bühne in den Backstage-Bereich und gratuliere dem Designer zu seinem Kleid und stelle ihm ein paar Fragen zur Materialität und zu seinen Gedanken zu dieser Kollektion. Und der Designer antwortet in einigen druckreifen Sätzen, warum diese Inspiration für ihn das Wesen der modernen Frau erfasst, während er schon längst an der nächsten Kollektion arbeitet, die dann auch wieder das Wesen der modernen Frau erfassen soll. Danach drängle ich mich zum Ausgang, denn die nächste Show beginnt gleich, meist am anderen Ende der Stadt.

Ich bin Teil einer Welt, in der ständig entworfen wird und ständig verworfen. In der im Eiltempo skizziert wird, was die Zukunft ist, und gleichzeitig, was Vergangenheit: was nicht mehr geht, was man nicht mehr trägt. Über was man nicht mehr spricht. Während man sich zu Hause noch über das neue Kleid freuen mag, das man sich gekauft hat, weil man es im Magazin gesehen hat, sind Leute wie ich in irgendeiner Redaktion schon dabei, es in Worten wieder auseinanderzuschneiden. Das modische Ideal ist immer in der Zukunft, und wenn man es fast erreicht hat, löst es sich in Luft auf. Ich finde das weder schlimm noch verwerflich. Die Mode ist da, und Menschen wie ich versuchen, sich einen wirklichen Reim auf sie zu machen. Ich schreibe jede Woche eine Kolumne, in der ich erkläre (oder es zumindest versuche), warum etwa so viele weiße Stiefeletten auf den Laufstegen unterwegs sind, warum Designer sich beim Schneidern der Abendgarderobe von chinesischen Mao-Blaumännern inspirieren lassen. Und was dahintersteckt, wenn Männer nun Turn- statt Lackschuhe tragen. In meinem Job hat man ständig Aufmerksamkeit für Veränderungen, die Welt wandelt sich so schnell. Ich bin nicht der, der sie antreibt, ich renne nur ihrer Drehung hinterher. Karl Lagerfeld hat einmal gesagt, dass es nichts Törichteres gebe, als sich der Mode in den Weg zu stellen oder sich einzubilden, sie gehorche dem eigenen Willen. Wer sich der Modernität in den Weg stelle, werde einfach überrannt. Mode achtet weder Eitelkeit noch Genius. Das finde ich demokratisch.

Und Mode ist ganz und gar nicht oberflächlich. Alles, was sich in der Welt verändert, verändert sich zuerst in der Mode. Sie ist eine Sprache, die jeder spricht. Denn jeder steht morgens vor dem Kleiderschrank und muss sich entscheiden, wie er der Welt entgegentritt. Und keiner kann in dieser Sprache schweigen, denn niemand wagt es, nackt auf die Straße zu gehen – und wenn doch, wäre auch dies eine Aussage. Eine ziemlich auffällige zudem.

Und wahrscheinlich haben die wenigsten einen Job, der so wenig Langeweile aufkommen lässt wie meiner. Ich bin in einer Welt unterwegs, in der ständig kreiert wird, jeder aufmerksam ist, jeder zumindest versucht, gute Laune zu bewahren. Es gibt schlechtere Berufe.

Und ich habe noch andere Dinge als Modernität in meinem Leben. Ich habe vier Kinder, ich habe eine Frau, und ich habe ein Aquarium. Meine erste Tochter bekam ich, als ich 25 Jahre alt war. Leider hielt die Beziehung zur Mutter nicht. Ich lernte später meine jetzige Frau kennen, mit der ich drei weitere Töchter bekam. Meine Frau und meine Kinder sind ein unerhörter Glücksfall in meinem Leben. Meine Frau ist Journalistin. Das bedeutet, dass wir beide zeitaufreibende Jobs haben, aber auch ein Verständnis dafür, was der andere so macht. Und wir machen beide gerne ähnliche Sachen. Wir reisen gerne, wir kochen gerne, wir haben gerne Gäste und gehen gerne ins Theater oder ins Kino. Wir leben zusammen in Berlin.

Meine Frau ist katholisch, und alle meine Töchter sind katholisch getauft. Es war irgendwie klar, dass unsere Kinder eine Taufe haben sollten, wir mussten keinen Moment darum streiten. Wir mussten uns aber auch nicht wirklich darüber bewusst werden, warum wir das tun. Wir waren selbst beide getauft, und es gehört irgendwie zu unserem Selbstverständnis. Ich hätte auch eine Partnerin treffen können, die keinerlei Bezug zur Kirche gehabt hätte oder gar dem Christentum gegenüber feindlich gesinnt gewesen wäre. Aber meine Frau war einst selbst Ministrantin und hatte als Jugendliche die Pfarrbibliothek ihrer Gemeinde betreut. Das Christentum bedeutete für sie weniger eine tiefe Überzeugung, wohl aber ein Fundament von Werten, auf denen das Leben aufgebaut ist. Ohne tägliche Gebete, ohne dass man regelmäßig die Kirche besucht, ohne dass man sich ständig darüber Gedanken machen müsste, wer

Gott ist.

Unsere Kinder haben viel mehr damit zu tun. Die Kleinste geht in einen katholischen Kindergarten, die beiden Älteren gehen auf ein jesuitisches Gymnasium. Nur die Älteste besucht eine Reformschule. Die Mehrzahl meiner Töchter besucht also Institutionen, in denen es regelmäßig Gottesdienste gibt. Aber eigentlich reden die Kinder nie davon, was sie im Gottesdienst gehört haben. Gut, die Kleinste grölt manchmal »Gott liebt alle Kinder« durch die Küche. Aber das war es auch schon im Groben mit meinem christlichen Alltag.

Natürlich habe ich mich im Leben schon mit Gott auseinandergesetzt. Wenn ich in mir selbst nachspüre, wann diese Auseinandersetzung mit Gott angefangen hat, gelange ich an die Anfänge meiner Erinnerung. In die frühen Jahre meiner Kindheit. Nämlich als ich als begann, über Weihnachten nachzudenken.

Mit Gott verhielt es sich wie mit dem Christkind. Es war zunächst ein großer Sympathieträger, dann aber hörte man nicht mehr sehr viel voneinander. Und irgendwann verstand ich, dass die Geschenke auch dann kamen, wenn ich gar keinen schön dekorierten Wunschzettel geschrieben und nachts auf die Fensterbank gelegt hatte. Ich musste auch registrieren, dass es eine seltsame Koinzidenz war, dass immer, wenn unsere Mutter mit uns an Heiligabend einen Spaziergang machte, damit das Christkind Zeit fände, sich unseren Weihnachtsbaum anzuschauen, mein Vater nie mit von der Partie war. Er musste immer dringend noch mal irgendwohin, sagte er. Stets aber, wenn wir nach Hause kamen, war das Christkind da gewesen, hatte die Lichter am Baum entzündet und Geschenke hinterlegt. Mein Vater aber hatte es knapp verpasst. Er war darüber stets sehr zerknirscht. Erst zweifelte ich an meinem Vater. Wie konnte man so schlecht organisiert sein, dass man Jahr für Jahr das Christkind verpasste? Stets offenbar um Minuten? War er wirklich unfähig, aus Fehlern zu lernen? Hatte er keinen Ehrgeiz? Und überhaupt, war es nicht auch saugefährlich, einen Weihnachtsbaum mit brennenden Kerzen unbeaufsichtigt stehen zu lassen? Und das Christkind einfach so verfahren zu lassen? Aber von meinem Vater hätte ich schon gerne etwas mehr Verantwortungsbewusstsein erwartet. Wenn ich als Kind übrigens ein Feuerzeug in der Hand gehabt hatte, war mein Vater da nicht so locker. Aber ein wildfremdes mystisches Wesen in unserem Wohnzimmer zündeln zu lassen – kein Problem, nur zu, liebes Christkind! Nimm einfach ein Streichholz und fuhrwerke damit in unserem Nadelgehölz herum, das sofort abbrennt wie Zunder, wenn es mit Flammen in Berührung kommt!

So entspannt sollte mein Vater dann übrigens am ganzen folgenden Heiligabend nie mehr sein. Den ganzen Abend schielte er wie ein Wachhund auf den Baum, und kaum neigte sich eine Kerze ihrem Ende zu und begann zu flackern, da schoss er auch schon heran und blies sie aus. Vielleicht war er im Nachhinein von seinem eigenen verantwortungslosen Verhalten schockiert und versuchte es nun überzukompensieren.

Wer war eigentlich dieses Christkind? Wie ich es mir auch vorstellte, es fiel mir selbst kein Szenario ein, das nicht das Potenzial zur Katastrophe hatte. Manchmal stellte ich es mir tatsächlich als Kleinkind vor, vielleicht drei oder vier Jahre alt, mit blonden Löckchen, das alleine in der Welt unterwegs war und die Fähigkeit hatte zu fliegen – durch die Welt zu schweben. Während es meine Eltern immer als Riesenproblem ansahen, wenn ich als Kind mal alleine unterwegs war, war ihnen dies beim Christkind nicht einmal einen Kommentar wert.

Meine Mutter beschrieb das Christkind manchmal als eine Art Engel. Kein Kind also, sondern ein altersloses geflügeltes Wesen. Ich hatte natürlich noch nie einen Engel gesehen. Aber ich kannte anderes großes Geflügel, etwa Schwäne. Ein Schwan müsste ungefähr so groß sein wie ein Christkind. Eher kleiner. Würde nun ein Schwan im unserem Wohnzimmer herumfliegen, würden meine Eltern sehr beunruhigt sein. Sie waren schon völlig fertig, als sich einmal ein Spatz in die Wohnung verirrte und wild herumflatterte. Er drehte panische Runden und prallte gegen das Bücherregal. Würde dagegen ein Schwan mit seinen mächtigen Schwingen zwischen Stehlampe und Couchgarnitur geraten, würde sich das wohl eher so ausnehmen wie ein Hubschrauberabsturz. Ich stellte meine Eltern nie zur Rede. Vielleicht auch deswegen, weil sich all diese Gedankenspiele immer auflösten, wenn wir das wundersam erleuchtete Weihnachtszimmer betraten. Mit den Jahren aber wurde die Christkind-Theorie für mich immer unbedeutender. Die Bilder wurden blasser. Während das Christkind früher die Zentralfigur des Heiligabend war, rückte es immer mehr an den Rand. Irgendwann war es weder Kindergartenkind noch Kamikazeschwan, sondern nur noch ein Wort, das weder mit einem starken Bild noch mit einer Vorstellung verbunden war. Und dann war das Christkind irgendwann weg, und Weihnachten ging weiter.

So ähnlich wie mit dem Christkind lief es zwischen mir und Gott. In meiner Kindheit beteten wir jeden Abend. Wir dankten dem Herrn für dies und das und baten, dass es allen gutgehe. Ich schloss die ganze Familie in das Gebet ein. Es fühlte sich gut an, als ob es mir kleinem Wicht oblag, für jeden zu sorgen, und als ob das Wohlergehen etlicher Leute von meinem Gebet abhing. Ich hatte keine rechte Vorstellung, wer dieser liebe Gott war und in welcher Beziehung er zu mir stand. Ob er ein Freund war oder ein Vater. Mir kam er vor wie ein ferner Verwandter. Ähnlich wie mein Patenonkel. Meine Paten waren wichtige Personen, weil meine Eltern stets mit viel Respekt von »Onkel Hermann« und »Tante Veronika« sprachen. Die anderen Onkel und Tanten, die ich so hatte, waren so dahergelaufen. Man besuchte sie von Zeit zu Zeit, manchmal kniffen sie einen komisch in die Backen oder machten irgendwelche schelmischen Bemerkungen. Insgesamt aber nahmen sie kaum Notiz von mir. Der Patenonkel und die Patentante waren nur für mich da. Das war einerseits toll. Allerdings waren sie nie da. Man hatte nicht wirklich etwas von ihnen. Zu Weihnachten allerdings kam ein Paket. Und so war Gott auch. Angeblich immer für mich da, dabei aber immer abwesend. Außer zu Weihnachten, wo es einen großen Auftritt gab. So viel zu der fürsorglichen Seite von Gott. Es gab auch noch eine andere, eine disziplinierende. Darauf machte mich meine Oma immer wieder aufmerksam: »Gott sieht alles! Er schaut auf Dich!« Das war natürlich einerseits nett. Gott wacht über mich und achtet darauf, dass mir nichts geschieht. Dass diese Fürsorglichkeit aber nicht unbedingt wörtlich zu nehmen ist, verstand ich, als ich an einem Wintertag in Mainz-Hechtsheim bei meiner Oma beim Eisschlittern ausglitt und mir den Arm brach. Meine Eltern gingen erst nach ein paar Tagen mit mir zum Arzt. Ich war eben ein weinerliches Kind, und man konnte schwer unterscheiden, ob ich heulte, weil ich mir wehgetan hatte oder weil ich mir irgendeinen anderen Grund zum Traurigsein ausgedacht hatte. Es tat also ziemlich lange ziemlich weh, bis jemand mir endlich einen Gips verpasste. Bis dahin musste ich mich schon fragen, wie ich das mit Gottes unverbrüchlicher Liebe zu verstehen hatte. Von allen Autoritätspersonen um mich herum musste er es ja gewesen sein, der am besten Bescheid wusste über mein Unglück. Sagen wir mal so: Von einem liebenden Vater hätte ich eine andere Performance erwartet. Wenn meine Oma von Gott sprach, der alles sehe, meinte sie aber nicht, dass er den Schutzengel für mich spielen würde, sondern dass er haarklein alle meine Untaten registrieren würde. Ich fand das unfair, mich mit einem gebrochenen Arm herumlaufen zu lassen, aber andererseits sofort ein Ding daraus zu machen, wenn ich meiner Mutter die Schokolade aus der Küchenschublade klaue.

Meine Oma sagte, nach meinem Tod würden alle schlechten und alle guten Taten aus einem Buch verlesen, und dann wäre klar, ob man in den Himmel kommen würde oder nicht.

Das fand ich eine besorgniserregende Vorstellung: Ich war

noch nicht einmal auf halbem Weg zu meiner Strafmündigkeit, aber im Himmel lief schon längst der Zähler. Ich konnte mir schon vorstellen, wie es beim Jüngsten Gericht eine ellenlange Sitzung geben würde:»17.11.1978: Beim Mittagessen von Spinat, Bratkartoffeln und Spiegelei nur das Ei gegessen, Spinat und Kartoffeln auch nach Ermahnung nicht angerührt, stattdessen Wutanfall; 19.11.1978: In der Kita Spielkameradin Annika an den Haaren gezogen und im Klo absichtlich danebengepinkelt. 20.11.1978: Bild zerknittert, das Schwester für ihre Eltern gemalt hatte ...« So würde es immer weitergehen. Man müsste auch dazu sagen, dass man als kleines Kind ja erst einmal viel Potenzial hat, Mist zu bauen, und wenig Potenzial, wirklich gute Sachen zu machen. Dafür ist man ja klein, wäre es anders, könnte man ja auch gleich schon in die Schule gehen und studieren. Aber meine Oma beharrte darauf, dass Gott alles sehe und sich alles merke. Damit wollte sie natürlich mein Gewissen ankurbeln. Ich aber hatte fortan das Gefühl, ständig eine Petze über mir schweben zu haben. Und ich war mir gar nicht mal sicher, ob sich die Sache mit dem Himmel so lohnen würde. Wenn ich mir vorstellte, wer von meiner Kindergartengruppe garantiert in den Himmel kommen würde (etwa die brave Gabriele), dann kam mir die ganze Geschichte schon nicht mehr so verlockend vor. Was sollte ich nur die ganze Zeit mit Gabriele spielen? Ich würde vor Langeweile sterben im Himmel – wobei man da ja nicht einmal sterben konnte. Vom Himmel konnte mir niemand so richtig eine Beschreibung geben. Ich stellte ihn mir deshalb blau, etwas zu kühl und voller Watte vor, die die Geräusche dämpft.

Und ich weiß ganz genau, wann meine ersten konkreten Zweifel an Gott angefangen hatten. Ich war sechs Jahre alt, es war kurz vor Weihnachten. Meine Geschwister und ich waren große Weihnachtsfans. Das Fest begann für uns schon Wochen vorher mit der Dekoration. Wir hatten auf dem Dachboden eine Kiste mit Engelsfiguren aus bemaltem Ton gefunden. Sie stammten aus der Krippe meines Urgroßvaters.

Wir legten unsere Zimmer mit Moos aus, das wir im Wald gesammelt hatten, und postierten die Engel darauf. Es entstand so eine ganze Weihnachtslandschaft im Kinderzimmer. Die Engel sangen oder sie beteten oder spielten Instrumente. Es sah wunderbar aus. In der Schule hatten wir im Bastelunterricht Christbaumanhänger aus Salzteig gemacht, die hatte ich mit Goldlack bemalt. Ich glaube, heute wird nicht mehr viel mit Salzteig gearbeitet – es ist ein Gemisch aus Wasser, Mehl, Öl und Salz, das man modellieren und im Ofen ausbacken kann. Eine Art Mörtel. Ich legte meine Backwerke auf das Moos. Das sah schön aus und festlich. Weihnachten war für mich ein einziges Loblied, und Gott war so etwas wie der Chorleiter: ein mächtiger Typ, der Abertausende Engel dirigierte, die nichts anderes machten, als ihn zu preisen. Was Gott sonst noch so tat, wusste ich nicht.

Eines Abends machte ich eine fürchterliche Entdeckung. Das feuchte Moos hatte den Salzteig aufgeweicht. Aus meinen herrlichen Christbaumanhängern waren schlaffe Klumpen geworden. Es war, als wäre Weihnachten ins Wasser gefallen, bevor es überhaupt losgegangen war. Mir war sofort klar, wer in diesem Moment zuständig sein musste. Bevor ich mich ins Bett legte, richtete ich mein allererstes Stoßgebet gen Himmel: »Gott, wenn es dich wirklich gibt, dann mach meinen Salzteig wieder fest. Amen.« Ich fand, das war griffig formuliert. Und hatte sogleich Zweifel, ob das nun die richtige Ansprache gewesen sein mochte. Wie reagiert man wohl als der Welt höchstes Wesen, wenn man von einem Sechsjährigen angehauen wird – und das zugleich mit einer Beweispflicht der eigenen Existenz verknüpft ist? Hatte Gott es verdammt noch mal nötig, ein Wunder zu vollbringen, um jemanden zu beeindrucken, der gerade mal in die erste Klasse geht? Ist das motivierend oder nur frech? Ich würde so etwas ja auch nicht zu meiner Mutter sagen. Aber das war eben auch der Unterschied zwischen Mutter und Gott. Mutter war kein wundersames himmlisches Wesen, sondern durchaus real. Sie konnte mich in den Arm nehmen, mich trösten und mich überhaupt im Allgemeinen ertragen. Und wenn Mutter nicht zugegen war, konnte ich heimlich ihre Schokolade essen. Gott hingegen sollte omnipräsent sein und war trotzdem irgendwie gar nicht da. Er sollte alles sehen, aber gleichzeitig unsichtbar sein. Meine Mutter wollte wohl geehrt werden, aber nicht angebetet. Und sie lieferte zuverlässig. Zuverlässiger als Gott jedenfalls. Mit diesen Gedanken schlief ich ein.

Mitten in dieser Nacht erwachte ich und hatte eine Idee. Ich nahm behutsam die aufgeweichten Salzteigstücke und legte sie auf die warme Heizung. Am nächsten Morgen waren die Christbaumanhänger wieder getrocknet. Sie hatten einen gewissen Grünstich abbekommen, aber ansonsten waren sie wie zuvor. War das ein Wunder? War das mein Gottesbeweis? Hatte Gott mir den rettenden Einfall im Schlaf geschickt? Oder war ich einfach ein cleveres Kerlchen? Ich entschied, dass ich wohl einfach ein pfiffiges Jüngelchen mit guten Ideen war. Ich bräuchte keine Wunder.

Sollte es also tatsächlich Gottes Plan gewesen sein, mich durch das Senden eines Geistesblitzes von seiner Existenz zu überzeugen, war die Sache gehörig schiefgegangen. Muss man einfach so sagen.

5 DIE TRAUER

Der Tag, an dem wir meines Freundes Urne begraben, ist der Anfang des Frühlings. Überall bricht die Schneedecke auf, Krokusse recken sich. Man hört die ersten Vögel. Ich sehe ein Eichhörnchen einen Baum hochrennen. Mein Freund wäre der Erste gewesen, der dieses Wiedererwachen der Natur gelobt hätte. Aber mein Freund ist nicht mehr hier. Noch bei uns, aber nicht mehr hier. Es werden Kränze und Blumen niedergelegt. Das kleine Flecklein Erde sieht noch nicht nach Grab aus, und es ist eine unwirkliche Vorstellung, dass dies ein Ort ist, der von nun an zum eigenen Leben gehört. Es ist ein friedlicher Tag. Aber es ist ein Tag aus der Zeit nach meines Freundes Leben. Und an diesen Tagen können die schönsten Dinge passieren, ohne dass es eine Bedeutung hat. Ich sehe noch immer Schönheit – aber ich verstehe sie nicht mehr. Ich sehe sie an als etwas, das andere Menschen offenbar als schön betrachten. Andere Menschen, die auf einem anderen Planeten wohnen.

Auf dem Rückweg schmatzt der aufgeweichte Boden unter meinen Sohlen. Es ist ein sattes Geräusch. Es hört sich an, als komme es von weit weg her.

Mein Freund war nicht der erste Mensch, den ich verloren habe. Es sind meine Großeltern gestorben und mehrere Onkel und Tanten. Aber diese Menschen waren stets nur noch ein Hauch gewesen. Sie waren schon nicht mehr da, als sie noch lebten. Man hatte es lange kommen sehen, Monat für Monat waren sie etwas mehr verblichen und schließlich ganz weg. Ich hatte schon lange vorher angefangen, von ihnen Abschied zu nehmen. Doch mein Freund war vor einigen Monaten noch voll da gewesen. Und jetzt ist er voll weg.

In mir macht sich ein Gefühl breit, das wie das Gegenteil eines Gefühls ist. Irgendetwas verlässt mich. Es ist kein Gefühl wie Angst, Wut, Ekel. Es ist – nichts. Leere. Ich schaue in das sich in den Wolken brechende Licht, und es sagt mir nichts mehr. Es hat nichts mit mir zu tun. Nichts mehr hat mehr mit mir zu tun. Ich fühle mich, als hätte ich keine Knochen, keine Muskeln. Wie ein Lappen. Man könnte mich überall liegen lassen, und es wäre egal.

Ich weiß, dass es Trauer ist. Aber ich habe mir Trauer immer als reißenden Schmerz vorgestellt. Als schwärende Wunde. Aber es ist eher die vollständige Bedrückung des Lebens. Alles wird mühsam, unglaublich mühsam. Sich bewegen ist mühsam, gehen ist mühsam. Atmen ist mühsam. Sogar der Herzschlag erscheint mühsam. Als ob sich mein Körper alle paar Sekunden willentlich dazu entschließen müsste weiterzumachen. Für noch einen Herzschlag und noch einen. Alles, was ein Metabolismus so unternehmen muss, um sich zu erhalten, empfinde ich nun als Arbeit. Es ist, als sei die Luft um mich herum zu einer zähen Masse geworden, die ich in mich einsaugen muss. Wie ein Kind, das keinen Appetit hat, aber trotzdem seinen Haferbrei löffeln muss. Manchmal schaue ich auf die Uhr und bin erstaunt, wie wenig ich zustande bringe. Ich kann nicht einmal nachvollziehen, was ich gedacht habe. Die meiste Zeit denke ich nicht, manchmal starre ich nur. Ich weine auch nicht, ich könnte nicht einmal sagen, welche Gefühle ich habe oder ob ich überhaupt etwas fühle.

Dann wieder geht es mir so, dass jede Kleinigkeit mich erschüttern kann. Mir ist, als sei mir die Haut abgezogen worden, als wäre ich ein lebendes Nervenpräparat. Alles, was ich glaube, im Leben gelernt zu haben, die tausend Mutmaßungen, auf die ich vertraute, die mir Sicherheit gaben, die meine Persönlichkeit ausmachten, sind aus mir herausgespült. All mein Stolz: weg. All die Lust: weg. Die Zuversicht, dass der morgige Tag so etwa wird wie der heutige, dass alles schon wieder gut gehen wird: weg. Ich weiß nun, dass jeder Tag eine Katastrophe werden kann.

Ich habe einmal gelesen, trauern fühle sich an, wie verlassen zu werden. Ständig denke man an den geliebten Menschen – und erneuere damit immer wieder das Verlustgefühl. Ich bin schon ein paar Mal im Leben verlassen worden. Eigentlich bin ich ganz gut im Verlassenwerden. Ich habe das stets kompensiert, indem ich viel getrunken und geraucht habe, bis mir ganz schlecht wurde, dann habe ich irgendwann angefangen, wütend auf die Person zu werden. Und irgendwann spürte ich eine Befreiung. Aber man kann sich von der Trauer nicht befreien. Es wird nichts wieder gut.

Wenn ich schlafe, ist es, als sei ich bewusstlos. Trauer ist, als würde man mit einer Bleiweste ins Bett gehen und mit einer Uranweste wieder erwachen. Ich erwache oft in Schweiß, als hätte mir jemand gegen den Kopf geboxt. Ich fühle mich, als läge ich in einem Bad aus schwerem Öl. Meine Glieder dümpeln neben mir, als hätten sie keine Verbindung mit meinem Körper. Ich warte, liege da, warte. Irgendwann verstehe ich wieder, dass ich ein ganzer Mensch bin, dass die ganzen Körperteile zusammen ein Individuum bilden. Ich habe nur keine Ahnung, wozu dieses Individuum gut ist, was sein Zweck ist, warum es in diesem Bett liegt. Was den Unterschied macht, ob es nun atmet oder nicht. Das sind die ersten Momente am Morgen. Dann endlich erscheint die innere To-do-Liste vor mir. Dann weiß ich wieder, was ich zu tun und woran ich zu denken habe. Zum Beispiel an Kaffeekochen und Frühstückmachen. Kinder auf den Weg in die Schule und Kita bringen. Das sind die Dinge, die es zu tun gibt, die mir einen Sinn geben: Dieser Mensch ist dazu da, dass er morgens aufsteht und etwas macht.

So schleppe ich mich durch die Tage. Ich versuche, sie mit Sinn zu füllen. Ich sage mir etwa: Ich stehe unter der Dusche und benutze ein neues Duschgel, das nach Rosmarin durftet, das ist gut. Ich esse ein Vollkornbrot mit Marmelade, das ist gut. Aber nichts fühlt sich gut an.

Meines Freundes Tod hat mich nicht näher zu Gott gebracht. Und Gott kam mir auch nicht zu Hilfe. Es gab keinen

Trost im Glauben und keine Erweckung. Es fällt mir sogar schwer, überhaupt nur an Gott in diesem Zusammenhang zu denken. Würde ich mir Gott als Person vorstellen, als Entscheider, der meines Freundes Erkrankung zu verantworten hat, müsste ich glühen vor Wut.

Und doch: Ich bete. Ich bete immer wieder. Morgens, oder spontan, wenn mich schlechte Gedanken umwerfen. Ich bete nicht, weil ich Gott ansprechen möchte, ich bete, weil ich das Gefühl des Trosts suche. Ich spüre, dass Glaube etwas ist, was in mir ist. Eines der wenigen Dinge in mir, die ich greifen kann. Alles andere ist durcheinandergeworfen. Nichts, was ich in meinem Leben seit meiner Kindheit gelernt habe, gibt mir eine Richtschnur, was ich nun tun sollte. Also tue ich das, was ich als Kind getan habe. Ich bete, ich bete für meinen Freund, ich bete für alle, die er hinterlassen hat. Ich falte meine Hände, um mich selbst daran festzuhalten. Aus reiner Hilflosigkeit.

Mein Glaube ist nicht fester geworden. Aber das Bedürfnis nach Trost ist stark wie nie. Und weil mich gerade nichts Weltliches trösten kann, finde ich mich auch sonntags in der Kirche wieder.

Wenn ich am Sonntagmorgen den Klang der Glocken höre, füllt er das Vakuum in mir. Es ist ein Klang, dem ich folgen kann. Zu einem Ort, der sich für mich jetzt gut anfühlt.

Es ist nun nicht mehr die Neugier, die mich in den Gottesdienst treibt. Es ist nun nicht mehr das Gefühl, etwas Originelles zu tun. Meine sarkastische Distanziertheit ist dahin. Nun treibt mich die pure Not.

Ich stehe auf und mache mich notdürftig gewaschen auf den Weg zur Thomaskirche. Meist nehme ich meine jüngste Tochter mit. Dadurch kann meine Frau etwas länger schlafen, bevor die Kleine ihre Aufmerksamkeit will. Alle haben etwas davon. Sogar die Leute in der Kirche finden es schön, dass nun öfters ein kleines Kind dabei ist.

In meiner Jugend war Gottesdienst für mich eine Strafe gewesen. Jetzt erscheint er mir als eine gütliche Veranstaltung, wo Menschen zusammenkommen, um zueinander nett zu sein. Sie singen zusammen und beten zusammen. Sie spüren Gemeinschaft und lauschen der Orgelmusik und werden nächsten Sonntag wieder zusammenkommen und gut zueinander sein. Das ist etwas, das mir nun sehr hilft. Ich steuere immer denselben Platz in der Kirche an. In der fünften Reihe am Gang. So regelmäßig, ich könnte eine Plakette an meinen Stuhl nageln, so wie man es im Mittelalter gemacht hat.

Im Gottesdienst zu sitzen, empfinde ich nun ein bisschen, wie in einer Autowaschanlage zu sein. Sobald man in der Waschstraße ist, muss man das Steuer loslassen und sich all den Bürsten und Wasserstrahlern hingeben. Eine feste Abfolge von Ritualen. Aufstehen, setzen, Psalmen sprechen, beten, singen. Man gibt die Kontrolle ab und folgt nur dem Protokoll. Ich taste mich an den Programmpunkten entlang, die auf dem ausgeteilten Blatt stehen. Es gibt keine Entscheidung zu treffen, nichts zu bewerten oder zu kommentieren. Nur folgen und darauf vertrauen, es fühlt sich gut an. Ich lausche dem Wort des »lebendigen Gottes«, ob es nun Apostelbriefe sind oder das Gleichnis vom verlorenen Sohn. Die Bibel hört sich an allen Stellen seltsam ähnlich an, als hätte Gott immer das Gleiche gesagt. Und alles gleich gut.

Wenn ich in der Kirche bin, massiert die Orgelmusik meine Gedanken. Sie dringt durch dieses Nichts zu mir, gibt mir die Ahnung, dass dort doch noch etwas ist. Die Rituale geben mir Halt. Man tut immer wieder dieselben Dinge, damit man sich vergegenwärtigen kann, dass es irgendwie weitergeht. Mir dämmert, dass Rituale genau für diese Erkenntnis wichtig sind: Sie erzählen, dass es eine Zukunft gibt. Dass es Dinge gibt, die immer da sein werden. Das ist der Halt, den ich jetzt brauche.

Darum bin ich regelmäßig in der Kirche. Ich habe keine Ahnung, ob Gott dort wohnt. Aber ich kann dort wohnen. Ich kehre jeden Sonntag in die Kirche zurück, ich nutze sie wie einen Therapietermin, langsam wird all das zu einer festen Säule in meinem Leben.

Und manchmal kommt es hier sogar zu Momenten der Leichtigkeit. Einmal wird zum Abendmahl gebeten. Eigentlich soll man sich im Kreis um den Altar aufstellen, aber der Altar ist groß und die Gemeinde klein. Es sind einfach nicht genügend Leute für einen Kreis da. Meine Jüngste hüpft über die Kirchenbestuhlung und brabbelt »Ad-da, ad-da«. Sie ist gerade in einer regressiven Phase, in der sie gerne Babylaute macht. Sie hüpft mir zum Altar hinterher. Der Pfarrer drückt mir eine Hostie in die Hand. »Der Leib Christi.« Dann kommt der Kelch mit Traubensaft: »Das Blut Christi, für dich vergossen.« Die Kleine ist plötzlich ganz still. Und nachdem wir zu unseren Plätzen zurückgekehrt sind, will sie auch gar nicht mehr herumzappeln. Nach dem Schlusssegen fragt sie mich: »Papa, warum hast du Blut getrunken?« Ich muss lachen. »Das war kein Blut, das war Traubensaft.« – »Die haben aber gesagt, das ist Blut.« Ich erkläre, dass das nur eine Geschichte sei, man solle sich vorstellen, dass der Saft Jesu Blut sei und das Brot der Körper von Jesus Christus. Weil Jesus eben das Brot des Lebens sei. »Jesus sieht aus wie ein Brot?« Ich muss an die Figur aus der Kindersendung Kika Live denken: Bernd das Brot. »Niemand kann wissen, wie Jesus ausgesehen hat, weil niemand ein Bild von ihm hat«, sage ich. »Aber wahrscheinlich sah er nicht so aus wie ein Brot.« Ich hätte nicht gedacht, dass einer meiner seltenen Lacher in diesen Tagen ausgerechnet nach einem Gottesdienst sein würde.

Eines Sonntags höre ich einen Predigttext, der mich erschüttert – das erste Mal in meinem Leben: Der Pastor spricht über einen Text aus dem Johannesevangelium. Er liest vor: »Am Tag darauf stand Johannes wieder dort, und zwei seiner Jünger standen bei ihm. Als Jesus vorüberging, richtete Johannes seinen Blick auf ihn und sagte: Seht, das Lamm Gottes! Die beiden Jünger hörten, was er sagte, und folgten Jesus. Jesus aber wandte sich um, und als er sah, dass sie ihm folgten, fragte er sie: Was sucht ihr?«

»Das sind die ersten Worte Jesu im Johannesevangelium«, erklärt der Pastor. »Eine Frage: ›Was sucht ihr?‹«

So kommt Jesus also den Menschen entgegen. Indem er sie fragt, was sie im Leben wollen, was ihr Begehren ist. Indem er wissen will, auf welche Frage er die Antwort sein soll. Es ist das erste Mal, dass mich ein Predigttext wirklich berührt. Es hat wirklich etwas mit mir zu tun. Aber was? Was suche ich? Ich habe keine Ahnung. Vielleicht muss ich mich auf den Weg machen.

Zuhause erinnerte ich mich an ein Gedicht, dass meine Mutter sehr mag. Der Widerstandskämpfer Dietrich Bonhoeffer hatte es kurz vor seinem Tod im KZ Flössenburg geschrieben.

Nach einigem Suchen fand ich den Text. Besonders folgende Zeilen beindruckten mich:

Noch will das alte unsre Herzen quälen,
Noch drückt uns böser Tage schwere Last.
Ach, Herr, gib unsern aufgeschreckten Seelen
Das Heil, für das du uns geschaffen hast.

Und reichst du uns den schweren Kelch, den bittern
Des Leids, gefüllt bis an den höchsten Rand,
So nehmen wir ihn dankbar ohne Zittern
Aus deiner guten und geliebten Hand.

Von guten Mächten wunderbar geborgen,
Erwarten wir getrost, was kommen mag.
Gott ist bei uns am Abend und am Morgen
Und ganz gewiss an jedem neuen Tag.

Ich las die Zeilen immer wieder. Sie hatte ein Mensch geschrieben, der unermessliches Leid erfahren hatte. Und noch viel Schlimmeres vor sich haben würde. Der wusste, dass er nicht mehr lange zu leben hatte. Welche Stärke und welches Vertrauen in seinen Worten steckte, erschütterte mich. Mir kam es vor, als hätte Bonhoeffer Superkräfte gehabt. Dabei hatte er vor allem das Vertrauen in eine Supermacht. In die

Güte Gottes. Die Macht, die den Dingen einen Sinn gibt, auch den schrecklichen Dingen.

In diesem Moment kam mir Bonhoeffer vor wie einer der Jedi-Ritter aus Star Wars. Voll von Liebe, Stärke, Vertrauen. So einer würde ich auch gerne werden wollen.

Ich habe mir ein Büchlein gekauft, es heißt:»Die Losungen«, es liegt auf meinem Nachttisch. Mein Großvater hat früher jeden Morgen die Losung des Tages am Frühstückstisch vorgelesen, wenn wir bei ihm zu Besuch waren. Ich fand, das gab jedem Tag ein Fundament, einen Sinn, ein Zeichen, unter dem er stand. Sinn ist das, was ich gerade am dringendsten brauche. Ich habe keine Ahnung, ob mir dieses Buch helfen kann. Aber das Positive ist ja: Gerade kann mir alles helfen. Zur Losung des Tages gehört ein Spruch von Paul Gerhard:

»Nun weiß und glaub ich feste, ich rühm's auch ohne Scheu, dass Gott, der Höchst und Beste, mein Freund und Vater sei und dass in allen Fällen er mir zur Rechten steh und dämpfe Sturm und Wellen und was mir bringet Weh.«

Verdammt, als der Mann das geschrieben hat, herrschte in Europa der Dreißigjährige Krieg. Die Welt lag in Trümmern. Ich liege hier nur in meinem persönlichen Trümmerfeld und fühle mich, als gäbe es kein Morgen. Was soll ich nur tun?

»Ich geh ins Kloster.« Das ist ein Satz, den ich in meiner Jugend scherzhaft gesagt habe, wenn mir irgendwie alles zu viel wurde. Nun kommt er mir sehr real vor.

Ich fühle mich leer, aber mein Leben will trotzdem jeden Tag gefüllt werden. Ich soll mich jeden Tag anziehen, einen Arbeitsplatz besuchen, Telefonanrufe annehmen, freundlich sein, Verhandlungen führen. Erfolgreich sein. Es erscheint mir nicht nur unmöglich, sondern unglaublich. Ich habe keine Ahnung mehr, von was die Leute eigentlich reden.

Das Kloster erscheint mir plötzlich wie ein Sehnsuchtsort. Ein Ort, der mit dieser Welt nichts zu tun hat. Ein Ort, an dem ich einfach mal weg sein kann.

Ich weiß, dass Klöster eine Sonderrolle in der Wahrnehmung der Kirche haben. Sämtliche Institutionen des Christentums sind heute in Verruf geraten. Die Kirche leidet unter Austritten, Überalterung und Zusammenlegungen der Gemeinden, ganz zu schweigen von den Skandalen, die in den letzten Jahren öffentlich geworden sind: der Kindesmissbrauch durch Geistliche, die Prasserei der Bischöfe. Es gibt nur eine Art von Christentum, dessen Image besser ist denn je – das Mönchstum. In der modernen Wahrnehmung sind Mönche so etwas wie Offline-Missionare. Sie spiegeln unsere Sehnsucht, dem Lauten und Unübersichtlichen auf Wiedersehen zu sagen, alle Verpflichtungen hinter sich zu lassen.

Ich habe einmal einen Werbespot gesehen, in meiner Jugend lief er irgendwie ständig: Eine karge Landschaft. Ein junger Mann schleicht auf die Pforte einer Abtei zu. Er ist sichtlich niedergeschlagen, vollkommen down. Das Leben ist ihm offenbar mit einer Diesellok über die Seele gefahren. Er schleppt einen Seesack, was bedeutet, er ist gekommen, um zu bleiben. Er ist fertig mit seiner Existenz. Die Pforte des Klosters schmückt ein schwerer Eisenring. Er hebt den Ring, um anzuklopfen, es hallt dumpf. Während er auf Einlass wartet, kramt er in der Jackentasche und entdeckt einen Schokoriegel: ein Mars. Er reißt die Packung auf und isst es. Während er kaut, hellt sich seine Miene auf. Gute Erinnerungen kommen hoch, wie durch eine Erleuchtung beseelt schöpft er neue Kraft. Frohgemut schultert er wieder seinen Seesack und schlendert davon. Als endlich ein Bruder öffnet, findet er nur noch das Papier des Schokoriegels, das unter dem Türring klemmt. Wütend zupft er es weg und wirft es in einen Mülleimer, der von Mars-Verpackungen überquillt.

Ich finde, in diesem Spot hat Mars fast prophetisch die Krise der Kirche vorhergesehen – und die Rücksichtslosigkeit der Generation Y, die immer von ihrem momentanen Impuls beseelt ist, stets denkt, das momentane Gefühl sei das die Welt bestimmende – und sich genauso schnell wieder umentscheidet. Außerdem lassen sie überall ihren Müll herumliegen. Die Message, die Mars aussenden wollte, war natürlich: Nicht Gott, sondern Mars erlöst euch von dem Bösen.

Tatsächlich gehen aber viele Leute gerne in Klöster, jedenfalls für eine kurze Zeit. Das Business ist hochprofessionell. Man kann unterscheiden zwischen Seminaren im Kloster und einfachem Urlaub im Kloster. Die Angebote lesen sich teilweise wie aus Spa-Prospekten:»Ein Klosterurlaub ist Wellness für Körper, Geist und Seele. Es besteht vielfach die Möglichkeit, an Meditationen und Kontemplation neu teilzunehmen. Es werden Fastenkuren oder auch Musikmeditationen angeboten. Der Umgang mit der Natur wird gelehrt. Es können aber auch mittelalterliche Praktiken, etwa Töpferhandwerk oder Bogenschießen, erlernt werden.« Wow, ich wollte gar kein Bogenschießen lernen und auch nicht ins Mittelalter zurück.

Für meinen Klosteraufenthalt bin ich spät dran. Wenn man etwa ein Schweigeseminar in einem bekannten Kapuzinerkloster buchen möchte, sollte man sich ein halbes Jahr vorher anmelden. Ich bin mit meiner Krise leider zu spät. Man sollte am besten schon im Vorjahr wissen, wann man im nächsten Sommer mit der Seele vor die Wand fährt. Ich aber hänge jetzt am Telefon und versuche mich durch die Klosterlandschaft zu klingeln. Doch bei den Klöstern hat man eben die Ruhe weg. Es ist nämlich so, dass bestimmte Brüder mit den Gästen betraut sind. Und wenn der Bruder nicht zugegen ist, ruft man am besten ein anderes Mal an.

Ich lese im Internet von einem Schweigekloster in Bayern. Ich erreiche eine Frau im Klosterbüro. Sie sagt:»Nee, bei uns wird schon g'redt – aber wenn's wollen dürfen's auch gern schweigen.« Ich stelle mir vor, wie die Mönche bei der Vesper munter drauflosplappern und ich angestrengt schweigend danebensitze. Allerdings ist ohnehin nichts mehr frei. Ich bekomme eine Absage nach der anderen. In den Star-Klöstern sind in der Hauptsaison die Meditations-Teppiche schon voll.

Das ist schade, ich hätte das Schweigen wohl gut gebrauchen können. Ich habe einmal mit einem Manager aus der Modebranche geredet. Er hatte eine Krise und sich entschlossen, in ein Schweigekloster zu gehen. Er habe alles abgeben müssen. Handy, Laptop, nicht einmal ein Schreibblock habe er mitnehmen dürfen. Schon nach kurzer Zeit habe ihm vom Schweigen geradezu der Kopf gedröhnt. Er dachte, er würde wahnsinnig, dann aber habe sich eine große Klarheit in ihm ausgebreitet, er sei völlig ruhig geworden und habe von da an gewusst, wie er sein Leben führen wolle. Danach habe er gekündigt und ein eigenes Unternehmen gegründet. So ein Erlebnis wäre nun gut für mich. Ich muss überlegen, wie lange ich eigentlich im Leben das letzte Mal geschwiegen habe. Nicht geschwiegen im Sinne von Mund halten, das kann ich ganz gut. Sondern im Sinne von: nicht kommunizieren. An einem normalen Tag checke ich alle paar Minuten meine E-Mails, gehe auf Facebook oder Twitter. Es gibt keinen konkreten Grund dafür, meist ist es einfach Langeweile – oder innere Einsamkeit. Ich habe das Gefühl, an einem großen Weltrauschen teilnehmen zu müssen. Indem ich zu einer Rundmail einen gestreckten Daumen als Antwort schicke oder einen dümmlichen Smiley. Einfach, weil ich fürchte, sonst nicht wahrgenommen zu werden. Wenn ich einen Post auf Facebook oder Instagram gemacht habe, überprüfe ich ständig, wer ihn kommentiert oder gelikt hat. Es ist wie, als ob ich dann mehr existieren würde.

Sogar wenn ich auf dem Fahrrad fahre, checke ich Mails. Es ist nicht nur ein absurdes Verhalten. Warum sollte es von Belang sein, auf dem Rad in einer Situation, in der ich ohnehin keine Mails beantworten kann, davon zu wissen, wer was geschrieben haben könnte? Es ist auch gefährlich: Wer nur wenige Sekunden auf sein Handy guckt, fährt etliche Meter im Blindflug. Man riskiert, überfahren zu werden oder jemanden umzufahren für – nichts. Ich denke, es gibt einen Grund dafür. Ich möchte mich davon ablenken, mit mir alleine zu sein. Die Zweifel, die Traurigkeit hochkommen zu lassen, die Gefühle auszuhalten, die einen durchströmen, wenn man sich auf nichts anderes fokussiert als auf sich selbst. Wenn man einfach nur: ist. Vielleicht ist das gerade mein Problem. Ich komme aus einer Welt, in der es gilt, ständig in Bewegung zu sein, stets zu wissen, in welchem Pop-up-Store gerade für sehr kurze Zeit eine sehr limitierte Kollektion von Sneakers verkauft wird, an die richtigen Leute, an jene, die Bescheid wissen. In der Mode zu arbeiten, heißt, nur mit Flüchtigem zu tun zu haben. Und man wird sich auch der eigenen Flüchtigkeit sehr bewusst. Wie die Autorin Alicia Drake es einmal in ihrem Buch »The Beautiful Fall« beschrieb, ist es eine Welt der »Verführung und Vernichtung«. Man ist schnell dabei – aber noch viel schneller wieder draußen. Eine Marke kann innerhalb von wenigen Monaten begehrt werden, dann knallen dort die Champagnerkorken – und genauso schnell wieder aus dem Fokus geraten, dann werden die Lichter ausgemacht. Wenn du im Aufwind bist, bist du ständig umgeben von Leuten, die hoffen, es könnte etwas dabei für sie rausspringen. Sobald es mit dir bergab geht, fliehen die Menschen vor dir, weil sie nicht in deinen Abwärtssog geraten wollen.

Ich bin es gewohnt, auf einen Empfang zu gehen, mir ein Glas zu greifen und mich sofort mit Menschen ins Gespräch zu bringen, mit denen ich nichts teile, außer dass wir in derselben Branche arbeiten. Ich spüre jedes Mal Angst in mir, wenn ich mich in den Smalltalk stürze. Die Angst, für niemanden hier wichtig zu sein. Die Angst, mich behaupten zu müssen. Immer wieder muss ich die Scheu überwinden, mit all diesen Leuten zu parlieren

Leute im Alter von Mitte vierzig, die sich noch kleiden wie Zwanzigjährige. Die mit kurzen Bomberjacken und bedruckten Sweatshirts herumlaufen, die ihre Körper täglich ins Crossfit-Studio tragen, weil auch sie nichts mehr fürchten als den Verfall. Man muss ständig in Bewegung sein, sonst fällt man um.

Und ich bin jetzt gekippt. Ich kann vor dem Tod nicht mehr wegrennen, er hat mich eingeholt. Für mich ist das Leben ohne Tod vorbei. Ich habe nicht mehr die Illusion, dass mich mein Müsli mit Goji-Beeren und Chia-Samen, mein wöchentliches Training im Fitness-Studio und mein vegetarisches Menü davor bewahren können. Ich brauche nun etwas anderes. Vor allem einen Ort, an dem ich keine Angst vor den Menschen habe. In der Kirche, unter der Handvoll Leuten aus meiner Gemeinde, hatte ich keine Angst. Vielleicht suche ich eine Kirche mit Dusche und Bett. Da poppt eine E-Mail auf – vom Kapuzinerkloster Neumarkt, Südtirol.

»Werter Tillmann, natürlich ist es möglich, bei uns im Kloster mitzuleben. Wir legen Wert auf das Mitleben: mit uns essen und beten, auch etwas Mitarbeit tut gut, um sich vom Alltag zu entfernen. Wir haben Einzelzimmer mit Dusche. Ihre Vorbedingungen sind Ihr Interesse, etwas Luft für den Alltag in einem Kloster zu holen. Gern biete ich Ihnen auch ein Begleitgespräch an, bin aber kein Psychologe.«

Und schon habe ich das Flugticket gebucht.

7 IN NEUMARKT

Das Örtchen Neumarkt liegt weitab in den Südtiroler Alpen. Ich fliege mit Easyjet nach Verona, von dort nehme ich einen Bus zum Bahnhof. Ein wuseliger Nachkriegsbau, bei dessen Konstruktion Ende der 40er-Jahre sich niemand um etwas anderes als Zweckmäßigkeit gekümmert hat. Er ist so verbaut, dass die gesamte Bahnhofsgastronomie in kleinen Nischen mit funzeliger Beleuchtung untergebracht ist, hier könnte man George-Orwell-Romane verfilmen. Überall schiebt und drängt es. Ich wollte ja dringend raus – aber zunächst bin ich mitten im Gewühl. Schließlich finde ich meinen Zug, eine Regionalbahn. Wir verlassen Verona, die Bahn schlängelt sich Städtchen für Städtchen in das Etschtal hinein. Die Etsch ist ein humorloser zwischen begradigten Uferböschungen schnell der Po-Ebene zufließender Strom, früher mäanderte er, und die Flößer waren hier unterwegs, nun ist er graues, wütendes Wasser. Doch mit jeder Bahnstation wird die Stimmung ein bisschen entspannter. Wir lassen die Industrieanlagen hinter uns und fahren durch Apfelbaumplantagen. Man hat das Gefühl, weit weg zu sein in einer eigenen Welt zwischen immer höher aufragenden Bergen. Nach zwei Stunden hält der Zug in Neumarkt.

Der Bahnhof ist außerhalb des Ortes. Man muss eine Weile laufen. Mit der Lauschigkeit ist es schnell vorbei. Ich gehe vorbei an Lagerhäusern und einer Filiale des Schraubenhändlers Würth. Dann überquere ich eine Autobahn. Ich schaue auf eine Blechlawine, die sich langsam Richtung Süden schiebt. Hätte ich mich etwas besser informiert, wäre mir wohl nicht entgangen, dass Neumarkt an der Brennerautobahn liegt. Soll hier meine Seele Frieden finden? Quasi auf dem Randstreifen einer der meistbefahrenen Fernstraßen Europas?

Allerdings sind meine Sorgen unbegründet. Denn ein paar Fußminuten weiter ist vom Grollen der Straße nichts mehr zu vernehmen, und ich stehe dann doch tief im Mittelalter.

Denn genauso sieht es hier aus. Neumarkt war vor Hunderten von Jahren ein wichtiger Zollpunkt. Wer vom Norden her nach Italien reisen wollte, musste hier vorbei und auf alle Waren Gebühr zahlen. Das Städtchen steht noch so da, als sei das erst vorgestern gewesen. Massiv gemauerte Häuschen, unter denen Bogengänge entlang der Straße führen, damit man vor der Sonne geschützt ist. Dazwischen immer wieder mächtige Toreinfahrten, wo einst die Pferdefuhrwerke einkehrten. Eine mittelalterliche Autobahnraststätte also. In der Ortsmitte der große Brunnen, wo früher die Viecher nach dem strapaziösen Marsch soffen. Heute füllen dort Radwanderer ihre Flaschen auf. Man sollte denken, dass ein solcher Ort heute eine Touristenattraktion sei.

Doch es gibt nur eine Gastwirtschaft, die groß genug wäre, um eine Busladung Menschen aufzunehmen, der Gasthof Andreas Hofer. So heißt die Pension, weil in diesem Ort der Südtiroler Freiheitskämpfer Andreas Hofer auf dem Weg zu seiner Hinrichtung gefangen gehalten worden war. Am Gebäude ist eine Gedenktafel. Ich weiß nicht, ob Andreas Hofer gute Erinnerungen an Neumarkt hatte, heute jedenfalls schmückt man sich gerne mit seinem Namen. Manche Südtiroler würden wohl noch heute gerne für ihre Freiheit zu den Waffen greifen.

Der Ort ist klein, trotzdem finde ich das Kapuzinerkloster zunächst nicht, es ist nicht auf der Touristenkarte am Ortseingang verzeichnet. Es scheint keine der gefragtesten Destinationen zu sein. Immerhin gibt es eine Kapuzinerstraße, ich muss also am richtigen Ort sein. Schließlich entdecke ich es neben dem Rathaus. Dort ist die Klosterkirche, vor ihr steht ein mächtiges Holzkreuz. Das Kloster ist ein gedrungener Bau daneben. Wäre da keine Infotafel gewesen, ich hätte es glatt übersehen.

Es gibt nur eine schmale Tür. Kein Portal, kein Eisenring, mit dem ich anklopfen könnte. Nur eine Klingel:»Kloster«

steht auf dem Schild. Ich klingele, und bald wird mir geöffnet. Vor mir steht ein Mann mit kurzem, weißem Bart und kurzärmeligem kariertem Hemd. »Hallo, ich bin Bruder Peter.« Das soll ein Ordensbruder sein? Wo ist die Kutte? Die kastanienbraune Kutte mit Kapuze? Wie soll ich hier inneren Frieden finden, wenn die Leute hier in Sommerhemden herumlaufen? Bruder Peter bittet mich herein. »Komm erst einmal an, komm erst einmal zur Ruhe.« Ich soll mich auf eine Bank setzen. Und da sitze ich also. Angekommen. Und was nun? Bruder Peter setzt sich neben mich. Er bewegt sich in etwa halb so schnell wie ich. Bruder Peter sagt nichts. Ich weiß nicht, was ich machen soll. Erst jetzt nehme ich richtig wahr, wo ich bin. Ich sitze im Hof des Klosters. Es ist tatsächlich eine Oase.

Das kleine Kloster ist eine rechteckige Anlage mit einem kleinen Kreuzgang, in der Mitte des Hofes ist ein Brunnen, aus dem frisches Wasser in ein Bassin plätschert. Er ist umgeben von Blumen und Ranken. Man kann gar nicht anders, als versunken auf diesen Brunnen zu schauen. Es fehlen eigentlich nur Schmetterlinge, die drum herumflattern. Ach stimmt, da sind ja wirklich Schmetterlinge, die drum herumflattern. Fehlt also nichts.

Ich fühle mich wie ein Zug, der in einen Bahnhof gerast ist. Was soll ich jetzt tun? Ich bin drauf und dran, mein Handy aus der Tasche zu ziehen und zu gucken, wie das Wetter in Neumarkt ist. Oder den Wikipedia-Eintrag des Klosters zu lesen. Aber ich sitze ja mitten im Wetter von Neumarkt, 28 Grad und heiter, und Bruder Peter beginnt nun vom Kloster zu erzählen.

Es wurde von 1617 bis 1621 erbaut und war seitdem bis auf eine kurze Unterbrechung von 5 Jahren in der napoleonischen Zeit immer als Landkloster der Kapuziner bewohnt. Es ist ein einfacher zweistöckiger Bau, der aber alles hat, was ein Kloster braucht: eine Kapelle mit Betchor, ein großer Garten, eine Bibliothek und ein eigener Friedhof.

Vom Kreuzgang gehen allerlei Räume aus. Ein Speisesaal, ein Seminarraum, die Küche, ein Raum, in dem ein Fernseher steht. »Lass deine Sachen hier stehen, wir gehen in den Garten«, sagt Bruder Peter.

Der Garten ist wirklich riesig und voll mit allem, was in so einem Garten wachsen kann. Es gibt Beete mit Salat, Tomaten und Spinat, mit Möhren und Auberginen, Birnen und Feigen. Und viele Apfelbäume. Sorte Golden Delicious. Leider, sagt Bruder Peter, habe vergangene Woche der Hagel eingeschlagen. Die Eiskörner haben innerhalb weniger Minuten fast die gesamte Ernte vernichtet. Nahezu jeder Apfel hat Hageleinschlag, sie sind jetzt praktisch zu nichts mehr zu gebrauchen und lassen sich nur noch zu Mus verarbeiten. Das ist für Tiroler Bauern noch heute eine Katastrophe. Allerdings nicht mehr so wie früher, heute ist man hagelversichert.

Er will mir mein Zimmer zeigen, im ersten Stock. Im Treppenhaus tockt eine jahrhundertealte Uhr. Sie hängt etwa drei Meter hoch, ein schweres Pendel schwingt. Ihr Tock-Tock ist so laut, als würde jedes Mal eine Tür ins Schloss fallen. »Die Zeiger drehen sich schon lange nicht mehr«, sagt Bruder Peter. Sie ziehen sie trotzdem auf. Hier kommt es auf den Takt an, nicht auf die Zeit.

Meine Zelle ist völlig ausgefüllt mit einem Bett, einem Tisch, einem Schrank und zwei Stühlen. Es gibt ein Fenster und ein Duschabteil. Die Brüder, die hier ihr Leben verbringen, haben kaum mehr. Das gleiche schmale Bett, den gleichen Tisch, den Schrank. Ihre Räume sind an den Ecken des Gebäudes gelegen, dort gibt es etwas mehr Platz und zwei Fenster. Raum für zwei Regale mit Büchern und Fotos von den Neffen und Nichten. Das ist ein ganzes Leben.

Es ist wirklich ein überschaubarer Bau. Ich hatte immer gedacht, in einem Kloster würde es nur so wuseln von Ordensbrüdern. Aber das hier ist eher wie eine WG. Das Kloster Neumarkt war schon immer nur eine kleine Filiale der Kapuziner mit zehn Wohnräumen. Heute wohnen hier noch drei Brüder. Es sind Bruder Peter, Bruder Markus und Bruder Christoph. Bruder Peter ist der Obere, aber das hat nur insofern eine Bedeutung, als dass ein Kloster eben einen Oberen braucht. Bruder Peter ist ein Mann um die 70 Jahre, er sieht aber eher aus wie um die 60. Er besteht vor allem aus Ruhe. Dann ist da noch Bruder Markus. Und Bruder Christoph. Er wohnt auch im Kloster, aber er ist gerade ein paar Tage unterwegs.

Ich lerne Bruder Markus beim Mittagessen kennen. Es gibt Gemüsesuppe. Keine Gemüsesuppe, wie ich sie aus Deutschland kenne. Diese hier schmeckt so frisch, als würden die Möhren noch in der Erde stecken. Sicher, die Brüder führen ein einfaches Leben. Aber für diese Einfachheit müsste man in Berlin Prenzlauer Berg viel zahlen.

Bruder Markus sieht mit seinem grauen Bart und der kleinen Brille so aus, als käme er geradewegs aus einem Kapuziner-Werbespot. Aber leider sagt er fast nichts.

Erst einmal bin ich enttäuscht. Ich habe mir Ordensbrüder irgendwie eher wie Gurus vorgestellt, Männer, die den ganzen Tag über das Leben nachdenken und deswegen zu jeder Minute eine Weisheit ausspucken können und nicht in ihre Suppe brummeln. Außerdem, dachte ich, seien Klosterbewohner frei von irgendeinem Begehren. Nicht nach fleischlicher Liebe, nicht nach Geld, nicht nach Ruhm, nicht nach Macht. Es dürfte wohl nichts geben, was ihre Urteilskraft hemmen würde, oder? Jetzt, wo ich neben zwei relativ stillen Männern sitze und meine Gemüsesuppe löffle, kann ich mir nicht ganz erklären, wie ich zu der Ansicht kam, dass ein Leben ohne Sex und Geld weise machen würde.

Vielleicht würden sie mir gar keine Antworten geben können. Aber ich kenne ja auch bislang die Frage gar nicht.

Ich möchte von den beiden wissen, wie sie ins Kloster gekommen sind. Sie sind tatsächlich an ihre Jobs gekommen, wie viele an ihre Jobs kommen. Irgendwie dahingeraten und dann eben eine Entscheidungen getroffen. Bruder Markus ist der Sohn eines Landwirtes aus Brixen, und man merkt ihm mit allem an, dass er im Herzen ein Bauer ist. Er hat einen schweren Brixener Dialekt, die letzten Silben eines Satzes atmet er förmlich ein, dazu kriegt er die Zähne kaum auseinander. Wenn er redet, klingt es wie ein Knurren. Lieber als reden macht er was. Im Garten, in der Küche, am Haus. Markus ist als Kind auf die Volksschule gegangen. Schon nach der fünften Klasse musste man sich damals entscheiden, welche Laufbahn man einschlagen will (und da spricht man heute davon, die Jugend würde unter Karrierestress leiden). Markus konnte sich drei Dinge vorstellen: Konditor, Gärtner oder Metzger. Dann erfuhr er vom Kapuziner-Internat ein paar Orte weiter. Das kam ihm vor wie die große Welt. Und außerdem würde es ihm ein paar Jahre Schule schenken, bevor er sich für einen Beruf entscheiden müsste. Er bekam dort einen Platz, aber das Lernen war seine Sache eigentlich nicht. Er haderte mit Latein und Altgriechisch. Er blieb sogar einmal sitzen. Und dann entschied er sich im Alter von 23 Jahren, ins Kloster zu gehen und Geistlicher zu werden. Er besuchte ein Theologieseminar und schrieb seine Magisterarbeit über die Bedeutung von Beichte und Buße. Die Buße, sagt er, sei nämlich keine individuelle Sache. Durch seine Sünden schade man nicht nur sich selbst, sondern man schade auch der Gemeinschaft. Und die Gemeinschaft müsse einem auch verzeihen – eben in Person des Pfarrers. Er sagt, deswegen büßen wir – um zur Gemeinschaft zugehörig zu sein. Um nicht die Kontrolle über unser Leben zu verlieren.

Markus ging also ins Kloster, wo er nun Koch und Gärtner sein darf. Metzger leider nicht, obwohl ihn das interessiert hätte. Er könne gut mit Tieren, sagt er. Aber er hat sich eben mal entschieden. Für diesen Weg, gegen Frau und Kinder. Kinder hätte er ja schon gerne gehabt. Sagt er – und löffelt danach wieder schweigend weiter.

Bruder Peter hingegen redet mehr, er redet gerne. Auch er kam aus einer Bauernfamilie. Es waren Viehbauern aus Südtirol. Er hat acht Geschwister. Deshalb war es eine Sache der Notwendigkeit, dass nicht jeder der Brüder in den elterlichen Hof einsteigen konnte. Die Schwestern wurden verheiratet. Die Jungen mussten zum Teil entweder einen anderen Beruf ergreifen – oder eben ins Kloster. Er ist ein Typ, der immer besorgt ist. Beim Reden überkommen ihn manchmal die Gefühle, dann bekommt er feuchte Augen. Das Mitleid mit anderen Menschen übermannt ihn leicht. Bruder Peter ist ein mitfühlender Mensch. Bruder Peter sucht sich keine einfachen Aufgaben aus. Er hat Erfahrung als Seelsorger im Gefängnis und in Krankenhäusern. Er ist vielleicht jemand, der Gefahr läuft, von anderen ausgenutzt zu werden. Vielleicht braucht er die Mauern des Klosters auch, damit sie ihn vor den Raubtieren da draußen schützen.

Ich frage nach Bruder Christoph, dem dritten Bewohner in Neumarkt. Bruder Christoph sei Pole, erklärt Bruder Peter, geboren in Katowice. Viele der Brüder in Südtirol seien Polen. Das sehr katholische Land war zu Zeiten des Sozialismus eine Hochburg der Kapuziner geworden.

Bruder Peter schlägt mir vor, ich solle mich erst einmal ausruhen. Man sehe sich dann um 18 Uhr. »Ah, was machen wir dann?«, frage ich. »Wir beten!« Das hätte ich mir ja denken können.

Ich kann mir gar nicht vorstellen, dass sich Menschen zusammenfinden, um miteinander zu beten. In meiner Welt kommen sie zusammen, um Fernsehen zu gucken oder zu essen oder auch zu feiern. Zu was soll Beten wirklich nützlich sein, dass man es mehrmals am Tag macht? Was wird da produziert? Irgendwann muss man doch durch sein mit den ganzen Wünschen an Gott. Ich fühle mich, als sei ich auf einer seltsamen Party gelandet. Ich dachte, so ein Kloster sei ein Ort des Friedens und der Einkehr. Aber Frieden ist es nicht, was sich in mir breitmacht, eher Unsicherheit. Mir erscheint es gerade eher wie ein Ort mit fremden Regeln. Regeln, die ich besser schnell lernen sollte, wenn ich hier wohnen möchte. Ein bisschen wie bei der Ankunft in einer Haftanstalt.

Der Tag eines Bruders geht so, erfahre ich: Man trifft sich in der Frühe im Chorraum der Klosterkirche und läutet die

Glocken. Dann betet man gemeinsam. Dann wird gefrühstückt, dann geht es um neun Uhr in die Morgenmesse in der Kirche. Nach der Messe wird gearbeitet bis zwölf Uhr, wenn man sich wieder zum Läuten und zum Gebet trifft. Danach gibt es Mittagessen. Am Nachmittag kümmert sich jeder Bruder um seine Belange, bis man sich wieder zum Gebet trifft und schließlich zum Abend läutet. Dann isst man zu Abend, nach dem Abendessen dankt man Gott. Dann guckt man manchmal noch gemeinsam Fernsehen.

So geht fast jeder Tag. Immerhin – auch Kapuziner gucken Fernsehen. Vielleicht haben sie ja hier auch Netflix, schießt es mir durch den Kopf. Was suche ich hier, was will ich finden? Soll dieser Ort mir beim Trauern helfen? Möchte ich Gott näherkommen? Alles in mir ist in ungemütlicher Bewegung, während ich die Treppe zum Wohntrakt hochsteige, um zu meinem Zimmer zu gelangen. Dann fällt mir auf, was hier nicht stimmt. Ich bin an einem Ort, wo jeder einzelne Stein sein Selbstverständnis hat. Alles hier ist so, wie es sein soll, alles genügt sich hier. Nur ich genüge hier nicht. Vielleicht habe ich deswegen an ein Gefängnis gedacht. Dies ist ein Ort, wo man nicht vor sich selbst weglaufen kann.

Als ich mich in mein schmales Holzbett zur Ruhe lege, spüre ich plötzlich eine Erschöpfung, die sich in mir auftut wie eine Grube, sofort fallen mir die Augen zu. Ich schlafe Stunden und erwache mit einer Erquickung, die mir schon fast unheimlich ist. Ich bin einige Minuten zu spät im Chorraum. Dort sitzen schon Bruder Markus und Bruder Peter. Sie tragen nun beide Kutten, was ihnen augenblicklich eine so große Würde verleiht, dass ich unbedingt auch eine Kutte haben möchte.

Und dann erfahre ich, was ein Kapuziner unter einem Gebet versteht.

Der Chorraum befindet sich im hinteren Teil der Kirche, vom Hauptschiff durch den Hochaltar getrennt. Er enthält ein großes Kreuzigungsbild, gemalte Tafeln mit der Passionsgeschichte an der Wand, ein aufgeschlagenes Buch mit der wöchentlichen Lesung, eine Gebetsbank und eine Kerze. Bruder Peter entzündet eine Kerze.

Wir beten aus dem Stundenbuch der katholischen Kirche. Das ist ein Werk für Priester und Mönche und alle anderen, die es mit dem Glauben so ernst meinen, dass sie mehrmals am Tag Stunden im Gebet zubringen. Und eben nicht auf die freie Weise beten, sondern nach einem vorgegebenen Takt. Während die Glocke läutet, spricht Bruder Peter das Ave Maria:

»Gegrüßt seist du, Maria, voll der Gnade,
der Herr ist mit dir.
Du bist gebenedeit unter den Frauen,
und gebenedeit ist die Frucht deines Leibes, Jesus.

Heilige Maria, Mutter Gottes,
bitte für uns Sünder,
jetzt und in der Stunde unseres Todes.

Amen.«

Anschließend arbeitet man sich durch eine Reihe von Lobgesängen, Gebeten und Psalmen.

Am Abend etwa spricht ein Bruder:

»Oh Gott, komm mir zur Hilfe!«

Und einer antwortet:

»Herr, eile mir zu helfen.«

Der Erste wieder:

»Ehre sei dem Vater und dem Sohn und dem Heiligen Geist.«

Dann wiederum die Antwort:

»Wie im Anfang, so auch jetzt und alle Zeit und in Ewigkeit. Amen. Halleluja.«

Dann folgt ein Lobgesang, der wiederum im Wechsel gesprochen wird. Es folgen Psalmen, Fürbitten, Kurzlesungen, das Vaterunser, mehr Lobgesänge. Jeder im Raum hat eine Sprechrolle, auch ich muss immer wieder aufpassen, wann ich »Gelobt sei der Herr« zu sagen habe. Wenn mein Einsatz kommt, blickt Bruder Peter bedeutungsvoll zu mir herüber. So, als ob es doch nicht so schwer sein könne, zum richtigen Zeitpunkt die richtige Zeile vorzulesen. Es ist nicht immer gleich ersichtlich, in welcher Zeile man sich befindet. Was man vorliest und was nicht, wohin man vor- und zurückblättern muss. Ständig fühle ich mich wie ein Schauspielschüler, der seinen Einsatz verpasst.

Ich bin gestresst wie bei einer mündlichen Prüfung. Betstress. Ich hätte nicht gedacht, dass ich gleich so viel falsch machen kann. Endlich schließt Bruder Peter mit dem Schlusssegen ab:

»Der Herr segne uns,
er bewahre uns vor Unheil
und führe uns zum ewigen Leben.
Amen.«

Dann löscht er die Kerze.

Ich bin geschafft wie nach einem Workout. Drei Bände hat das Stundenbuch. Wer hindurch ist, hat mehrmals alle Psalmen gebetet, bis auf die sogenannten Fluchpsalmen wie Psalm 58. Texte wie »Der Gerechte wird sich freuen, wenn er solche Rache sieht, und wird seine Füße baden in des Gottlosen Blut ...« sollen in einem Gotteshaus eher nicht gebetet werden.

Ich verstehe jetzt langsam, was Bruder Peter mit »mitleben« meint. Er erklärt mir jede Kleinigkeit. Denn der Takt im Haus bezieht sich nicht nur auf das Beten, sondern auf jedes noch so kleine Detail. Wo ein Handtuch aufgehängt wird, wo eine Tasse abgestellt wird oder ein Besen. Es hat nicht nur alles seinen Platz, sondern alles seinen unbedingten Platz. Es hat nicht nur alles seine Zeit, sondern alles seine genaue Zeit, bis auf die Sekunde.

Ich verabschiede mich an diesem Abend früh von den Brüdern, um mich in meine Kammer zurückzuziehen. Mir ist, als würden Wellen in mir schwappen. Ich liege in meinem Kämmerlein, das wenig mehr zur Ablenkung bietet als ein paar Mücken, die an der Decke tanzen, und eine Bibel, die auf dem Nachttisch bereitliegt. Ich überlege, ob ich die Mücken erschlagen darf, ohne dass das bei Gott negativ auffallen würde. Wahrscheinlich wäre das nicht weniger schlimm, als Mücken sonstwo auf der Welt zu erschlagen. Allerdings sollte ich sie nicht mit der Bibel erschlagen, das würde wohl Ärger bringen. Andererseits – womit sollte ich sie denn sonst wohl erschlagen? Dieser Raum enthält ja sonst nichts. Es ist so still, dass ich das Blut in meinen Ohren hämmern höre. Und manchmal das Sirren der zwei Mücken und weit entfernt das Tack-Tack der Uhr im Treppenhaus. Oder bilde ich mir das ein?

Ich spüre, wie es mich am Körper juckt, nicht weil es irgendwas zu jucken gäbe, sondern einfach, weil mein Körper mit sich überhaupt nichts anzufangen weiß. Das letzte Mal lag ich um acht in den Kissen, als mich meine Eltern zur Strafe ohne Fernsehen ins Bett geschickt hatten. Da war ich elf oder so. Jetzt, mehr als dreißig Jahre später, kann ich es offenbar immer noch nicht genießen.

Ich nehme mir die Bibel zur Hand. Aus purer Langeweile.

Ich gucke mir den ersten Satz an. Da steht tatsächlich: »Am Anfang schuf Gott Himmel und Erde.« Das ist wirklich ein ziemlich guter erster Satz, finde ich. Kurz, prägnant, inhaltsstark, in die Zukunft gerichtet. Wenn die Bibel wirklich von Gott geschrieben wurde, hat der schriftstellerisch mehr drauf als alles, was beim Friedenspreis des Deutschen Buchhandels bislang ausgezeichnet wurde. Er sollte einen zweiten Teil schreiben. Dann blättere ich weiter bis zum Markusevangelium. Es ist ja das erste Evangelium, was geschrieben wurde. Alle anderen bauen im Grunde darauf auf, es ist also gewissermaßen der christliche Urtext.

Schon der Anfang haut mich um. Jesus wird von Johannes dem Täufer getauft, der Himmels tut sich auf, und eine Stimme spricht: »Du bist mein Sohn, an dem ich Wohlgefallen habe.« Johannes allerdings ist ziemlich durchgeknallt, das wird jedenfalls angedeutet. Ein Typ, der Honig aus wilden Bienenstöcken schleckt und Heuschrecken isst. Dann geht es um einen einzigen Tag in der Siedlung Kapernaum, einem Fischerdorf am See Genezareth. Jesus taucht dort einfach so auf und wirbt seine ersten beiden Jünger an. Den Fischer Simon, der später Petrus wird, und dessen Bruder Andreas. Jesus sagt: »Folge mir«, und sie folgen einfach so. Sie lassen ihren Vater im Boot sitzen und machen sich davon. Dann geht es Schlag auf Schlag. Jesus geht in eine Schule, lehrt dort, wird von einem von Dämonen besessenen Kerl angegangen und treibt ihm den Teufel aus. Dann heilt er noch Simons Schwiegermutter vom Fieber, und am Abend schließlich rennt der ganze Ort Jesus die Bude ein, weil ein jeder von etwas geheilt oder einen Teufel ausgetrieben haben will.

Der hat auch einen harten Tag, denke ich, bevor mir die Augen zufallen und die beiden Mücken sich wie Harpyien von der Decke stürzen.

Zum Morgengruß am nächsten Tag bin ich wieder nicht pünktlich. Bruder Markus und Bruder Peter ignorieren es. Eine Kerze leuchtet. Es werden Glocken geläutet. Dann werden Psalmen gelesen. Jetzt bin ich schon etwas textsicherer. Es folgt eine Lesung aus dem Neuen Testament, dann Fürbitten. Die Brüder haben wieder ihre Kutten an. Ich fühle mich in meinem T-Shirt wie ein Zausel. Bruder Peter spricht die Psalmen, als würde er sie jemandem diktieren: »Wir sind wie das Gras, morgens grünt es, und abends ist es welk und wird geschnitten [...] Unser Leben währt siebzig Jahr, wenn es hoch kommt, achtzig [...] Wir fliegen dahin.« Im Anschluss ist Meditation – oder wie es Bruder Peter nennt, Pause: Wir sitzen still da. Eine volle Viertelstunde. Meine Ohren dröhnen. Wann habe ich das letzte Mal eine Viertelstunde nichts gemacht? Ich muss erkennen, dass eine Beklemmung auf mir liegt, ich bin voller dunkler Gefühle. Ich kann mit diesen schlechten Gedanken in diesem Moment nicht weiter zurechtkommen. Sie liegen wie ein Block in meinem Gehirn. Ich spreche innerlich, Gott kläre meinen Geist und beschütze mich und die Meinen. Es ist ein plumper Satz nur, aber er hilft, ich wiederhole ihn innerlich endlos. Um Punkt 7.30 Uhr ist der Morgengruß vorbei. Und wir gehen zum Frühstück. Ich erfahre, wie gut Armut schmecken kann. Das Kloster versorgt sich fast ausschließlich aus dem eigenen Garten. Es wird am Tisch in der Küche gefrühstückt. Es gibt zum Pflaumenmus und zur Aprikosenmarmelade ein trockenes Tiroler Würzbrot. Jeder trinkt eine Tasse Kaffee. Als ich nach einer zweiten Tasse frage, bekomme ich sie. Ich merke aber gleichwohl, dass es nicht üblich ist, nach einer zweiten Tasse zu fragen. Wir räumen die Spülmaschine ein. Alle Teller werden vorgespült, sodass eigentlich schon gar kein Geschirr mehr dreckig ist, wenn es in die Maschine kommt. Das Geschirr muss in einer ganz bestimmten Reihenfolge eingeräumt werden. Wenn man eine Tasse in die falsche Eckte stellt, räumt Bruder Markus sie wieder um. Es gibt eine Schublade für die Servietten und eine für die Untersetzer. Alles läuft in einer jahrzehntelang einstudierten Choreografie. In der ich stets hinterherhample.

Die Brüder reden wenig. Sie danken Gott vor jeder Mahlzeit und auch danach. Ich bin ein bisschen beleidigt. Sie möchten gar nicht viel von mir wissen. Dabei könnte ich ihnen doch so viel erzählen von der großen weiten Welt. Ich könnte ihnen den Unterschied zwischen Cruise-Collections und Prêt-à-porter erklären. Ich könnte auch wirklich lange auseinandersetzen, wie viele Verbindungen es gibt zwischen der Modebranche und dem Vatikan. Wie viele liturgische Gewänder Ideengeber für Laufstegkollektionen sind. In der jüngsten Kollektion von Dolce&Gabbana wurde sogar eine Mitra getragen. Unerhört, oder? Davon könnte ich reden. Aber niemand interessiert es hier. Ich fürchte, ich verstehe, warum. Mit allem, was ich tue, rede und verdiene, bin ich ständig bemüht, mich sozial einzuordnen. Irgendwie erkennbar zu sein, besser zu sein als andere, wichtig zu sein. Hier in diesem Kloster ist es aber nicht wichtig, wer du bist. Vor Gott sind wir alle gleich. Damit sind viele Fragen erledigt.

Und zwischen halb neun und neun darf jeder machen, was er möchte. Es sind aber keine schweren körperlichen Arbeiten angebracht, denn um neun Uhr ist die Messe. Das Telefon klingelt, Peter hebt ab, rumpelt in den Hörer:»Ja klar, haben wir Messe, jeden Tag um neun Uhr ist Messe.« Er legt auf.»Immer diese Leute, die glauben, heute sei ihnen auf einmal nach einer Messe.« In Bruder Peters Welt geht man jeden Tag zur Messe. Und nicht mal heute und morgen nicht mehr. Gott ist kein Kino.

Die Messe ist in der kleinen Klosterkirche. Es gibt keine Orgel, sondern einen Vorsinger. Es sind etwa 20 Leute in der Messe, ich finde das gar nicht übel für einen Montagmorgen. Zur Begrüßung redet Bruder Peter über Pius X., einen Papst, der aus dem Volke kam. Es wird gesungen aus dem Gotteslob, es gibt Abendmahl. Eine Predigt gibt es nicht. Es gibt zwar eine Kanzel, aber die wird schon lange nicht mehr genutzt. Aus der Kanzel reckt sich ein Holzarm im Habit der Kapuziner und hält ein Kruzifix. Er sieht ein bisschen unheimlich aus, wie eine Geisterbahn-Installation. Er symbolisiert, dass Kapuziner nur das Evangelium verkünden – sonst nichts. Die Kirche ist schön, sie hat zwei Holzaltäre. Einer zeigt die 14 Nothelfer-Heiligen, St. Georg, St. Florian und wie sie alle heißen. Der andere ist mit einer Madonna geschmückt. Sie war angeblich unversehrt aus der Asche einer Kirche geborgen worden, die einst von Protestanten niedergebrannt worden war. Das ist mir als Protestanten natürlich etwas peinlich.

In einem Seitenraum sind Totenkarten angepinnt. Mir fällt eine auf, auf der ein Kapuziner abgebildet ist. Ein junger Typ, er wurde nur 43 Jahre alt. Auf der Karte steht, dass er beim Abstieg von einem Berg umgekommen sei. Bruder Peter meint, ich solle doch etwas arbeiten, arbeiten sei gut für die Seele. Ich stelle mir vor, dass ich vielleicht etwas Laub zusammenkehre. Das finde ich gut. Arbeit ordnet ja auch die Seele. Und ich kann Ordnung brauchen. Bruder Peter führt mich in den Garten. Er bleibt vor einem großen Holzhaufen stehen. Ein hüfthoher Haufen aus armlangen Stücken grob gesägter Stämme. Ich denke, wer immer das mal zu Kleinholz machen soll, ist eine arme Sau. Dann erst verstehe ich, warum wir vor diesem Haufen stehen – Bruder Peter sagt, daraus solle ich mal Kleinholz machen und damit den Schuppen füllen. Das sei Brennholz für den Winter. Einen Moment zweifle ich, dass der Bruder mich wirklich mit einem Beil und diesem großen Haufen alleine lässt. Es muss doch jetzt noch etwas dazu gesagt werden. Aber für Bruder Peter ist alles gesagt. Er ist fertig und wendet sich ab. Ich überlege, ob ich in den ganzen Filmen mit Klosterbrüdern, die ich gesehen habe, irgendwann einmal einen Mönch habe Holz hacken sehen. Klöster habe ich mir als Orte der Erholung vorgestellt, nicht des Frondienstes. Nun erst verstehe ich. Für Markus und Peter bin ich ein junger Typ. Und wenn sie mal so einen im Kloster haben, dann wollen sie gefälligst auch etwas davon haben. Das muss genutzt werden. So ist der Deal: Seelenfrieden für mich, Brennholz für sie. Jetzt bin ich angekommen.

Ich sehe mich um und atme tief ein. Die Luft schmeckt, als sei sie mit Kräutern gewürzt. Der Garten ist so grün, als hätte jemand einen Farbregler hochgedreht. Spatzen jagen sich zwischen den Obstbäumen. Eine Katze sitzt im Gras und schaut sich das Treiben interessiert an. Das alles ist so schön. Ich wundere mich über meine eigene Empfindung: schön. Ich empfinde es wieder. Schön.

Ich hebe das Beil.

In Südtirol mitsamt Österreich gibt es noch 115 Kapuziner. Das ist nicht viel. Es genügt kaum, um all die Standorte zu bewirtschaften. Das ist symptomatisch für den schlechten Zustand des Klosterwesens. Orden mit Jahrhunderte währender Tradition geraten in die Schieflage.

Die ersten Mönche waren die Benediktiner, sie gingen dorthin, wo die Menschen keinen Halt im Leben hatten, wo man darbte. Sie lehrten »ora et labora!«: Bete und arbeite! Sie leisteten Entwicklungshilfe. Sie brachten den Armen Feldwirtschaft bei, sie halfen den Leuten, sich selbst zu ernähren, sie kümmerten sich um Bildung und medizinische Versorgung. So bekamen die Klöster nach und nach von den Fürsten weitere Besitztümer zugeschlagen, um sie zu entwickeln. Die Klöster wurden auf diese Weise selbst reich, also spalteten sich die Franziskaner von ihnen ab. Franziskus sagte, nur wer nichts besitze, müsse sich um nichts sorgen und könne sich ganz seiner Aufgabe, der Verehrung Gottes, widmen. Im 16. Jahrhundert gingen aus den Franziskanern wiederum die Kapuziner hervor. Den frühen Kapuzinern waren die Franziskaner zu groß und zu einflussreich geworden. Kapuziner gingen in ihren Kapuzenkutten durch die Dörfer und sammelten Almosen. Es waren echte Bettelbrüder. Sie wollten nicht in den großen Klöstern hausen, sondern in ländlichen Einsiedeleien. Auch heute noch sind Armut und Demut das, was die Kapuziner am meisten beschäftigt. Unter den etwa 250 römisch-katholischen Männerorden sind sie unter denen, die besonders den Unterprivilegierten und dem einfachen Leben zugewandt sind. Ein Orden von Bauern und Handwerkern, keine Ansammlung von Schöngeistern, wie es etwa die Jesuiten sind.

Im Speisesaal des Klosters, wo die Decke mit alten Marienbildern geschmückt ist, liegt die Zeitschrift »Wir Kapuziner« aus. Das Zentralorgan der verbliebenen Kapuziner

Österreichs und Südtirols. Ich lese einen Artikel über die Seligsprechung von Bruder Franz Solan Casey. Der starb 1957 im Alter von 87 Jahren in Detroit. Ein Bruder, der ungebildet war, dessen »Verstand nicht ausreichte«, um Priester werden zu können. Schließlich ließ man ihn doch zur Weihe zu unter der Auflage, er dürfe niemals eine Beichte abnehmen und nicht predigen. Er diente an der Klosterpforte und wurde dort so beliebt, dass immer mehr Menschen seine Nähe suchten, weil er ihnen aufmerksam zuhörte und mit ihnen betete. Sie kamen in Massen zu ihm. Einfach, weil er Anteil nahm an den Menschen.

Auch heute gibt es noch populäre Ordensbrüder, etwa den Kapuziner-Bruder Paulus Terwitte, der durch Talkshows tingelt und Podcasts herausgibt. Die Klöster aber spielen keine wichtige Rolle mehr in der Gesellschaft. Früher nahmen sie sich derer an, für die in der Gesellschaft kein Platz war. Die Söhne, die den Hof des Vaters nicht erben sollten oder die zu schmächtig zum Arbeiten waren. Klöster waren auch Inseln der Menschlichkeit, Mönche waren die Ersten, die Wissen über Heilkräuter sammelten und systematisierten, um damit Kranken zu helfen. Gerade die Kapuziner wurden dafür bewundert, dass sie sich während der Pestepidemien um die Kranken sorgten. In den Klöstern perfektionierte man die Braukunst, nicht etwa, um sich besser zu betrinken, sondern weil Bier im Mittelalter als gesundes Kindergetränk galt. Es war nämlich ganz im Gegensatz zum mit Fäkalien verseuchten Wasser aus dem Hofbrunnen steril. Mönche waren die Arbeiter Gottes.

Markus und Peter kommen noch aus jener Zeit, als es für einen Spross einer Bauernfamilie eine normale Option war, in ein Kloster einzutreten oder zumindest ein klösterliches Internat zu besuchen. Dort gab es Bildung für die einfachen Leute. Und man war versorgt, auch wenn die Zeiten schlechter würden.

Heute gibt es keinen natürlichen Weg mehr, ins Kloster zu kommen. Es ist kein Teil der modernen Gesellschaft mehr, sondern bedeutet die Abkehr von der Gesellschaft. Kein Besitz, keine Karriere, kein Sex. Solch ein Leben streben heute höchstens jene an, die der Konsumgesellschaft überdrüssig geworden sind – und auch dann nur für kurze Zeit.

In der modernen Welt gibt es so viele Alternativen zum Leben im Kloster, dass kaum jemand mehr in jungen Jahren dort unterkommen will. Heute ist es ein riesiger Schritt, ins Kloster zu gehen und alles hinter sich zu lassen. Die Klöster haben versucht, sich darauf einzustellen, man wird heute erst einmal Mönch auf Zeit. Erst nach sechs Jahren muss sich ein Novize entscheiden, ob er sein Leben dem Orden überschreiben möchte. Das bedeutet dann vor allem: keinen Besitz. Wer will das noch?

Am Geschirrschrank im Speisesaal von Kloster Neumarkt hängt ein Tortendiagramm, das die Dramatik der Lage veranschaulicht. 70 Prozent der Brüder sind zwischen 70 und 95 Jahre alt. Nur 15 zwischen 40 und 50 Jahre. Man kann also davon ausgehen, dass in zwanzig Jahren nur noch ein Drittel der Kapuziner unter den Lebenden sein wird, nach weiteren zehn Jahren nur noch ein Sechstel. Im Bereich Südtirol und Österreich, einst eine Hochburg des Ordens, wird es dann nur noch 20 Brüder geben. Falls nicht ein Wunder der Rekrutierung geschieht oder Brüder aus anderen Regionen einwandern, werden Oasen der Stille wie das Kloster Neumarkt geschlossen werden müssen. Aus ihnen werden Heime, Kindergärten, Erwachsenenbildungsstätten, Jugendherbergen. Aber was sind solche Plätze ohne die Brüder, die dort die Ruhe und Besinnlichkeit verbreiten? Die Ankerpunkte sind für die Ruhelosen, die sich dort erquicken wollen und Antworten suchen auf Fragen, die sich nicht mehr aus ihrem Leben beantworten?

In »Wir Kapuziner« findet ein Bruder deutliche Worte dazu: »Obwohl Gott als tiefste Freude erfahren werden kann, besteht heute kaum ein Bedürfnis danach. Viele halten sich an die Freuden, die sie sich selber nehmen können. Der Sinn für Gott schwindet. Diese Situation ist für die Gläubigen eine gewaltige Herausforderung. Wir stehen mit dem Rücken zur Wand. Alles hängt nun davon ab, ob wir im Glauben Kurs halten. Gerade in dieser dürren Zeit gilt es, die Freude an Gott hochzuhalten. Wir sollten dies tun im Bewusstsein, dass der Mensch – meist ganz unbewusst – nach wie vor auf der Suche ist nach Geborgenheit, Liebe und Freude.«

Langsam beginne ich das Kloster zu verstehen. Ein Kloster ist nicht nur ein Wohnplatz geistlicher Menschen. Es ist ein Organismus. Selbst wenn man gerade nichts zu tun hat, tut man etwas. Bruder Peter nennt das »da sein«, »an der Pforte sein«, »im Haus sein«. Denn die Arbeit der Brüder ist, das Haus zu bewohnen. Das Haus ist ein Lebewesen, und jeder Ordensbruder ist ein Organ dieses Körpers. Seit 400 Jahren wird dieses Haus bewohnt und lebendig gehalten, werden die Mauern und Fenster und Böden ausgebessert, der Garten bewirtschaftet. Deswegen ist es eben nicht egal, in welchen Schrank man die Tassen stellt, aus welcher Schublade man die Untersetzer holt und ob man zum Frühstück noch eine zweite Tasse Kaffee kocht. Alles hat hier seine unbedingte Ordnung und jeder seine Funktion. Jeder dient hier einem höheren Wesen, das sich im Haus verkörpert. Das Haus war da, bevor Bruder Peter einzog, es wird wohl noch da sein, wenn er es verlässt. Das ist das Tröstende, in einem Kloster ist man Teil einer zeitlosen Ordnung.

Da sein: Nur weil du da bist, bist du richtig. Du musst nichts tun, denn weil du da bist, tust du bereits etwas. Für mich sind das unerhörte Gedanken.

Ich bin gewohnt, dass ich an Taten gemessen werde. Dass ich mir meine Liebe verdienen muss. Es muss immer einen Grund geben, dass man mir Zuneigung schenkt. Dass ich Respekt verdiene. Ich arbeite, und wenn ich mal nichts zu tun habe, dann beginnt mein Selbstbewusstsein zu wackeln. Ich bin es gewohnt, bewertet zu werden, mit der Umwelt eine gewissermaßen geschäftliche Beziehung zu führen. Am Arbeitsplatz werden 360-Grad-Feedbacks gegeben. Man soll immer ein Gefühl dafür haben, wo man so steht. Und ich bewerte ja auch ständig. Wenn ich eine Taxifahrt mit meiner Taxi-App buche, werde ich, sobald ich aussteige, aufgefordert, den Fahrer zu bewerten. Jemanden also, den ich nur kenne, weil ich zwanzig Minuten hinter ihm gesessen habe. Wenn ich im Netz eine Reise buche, soll ich das Hotel bewerten. Ich wundere mich, dass es bei Dating-Apps keine Bewertungen gibt, aber vielleicht gibt es das auch schon. Es gibt für jede dieser Bewertungen bestimmt einen guten Grund. In ihrer Gesamtheit haben sie jedoch eine fatale Botschaft: Du bist nur okay, solange du lieferst. Und wenn das mal nicht mehr geht, dann wirst du zur Last. Dann gibt es jemanden am Arbeitsplatz, der besser, frischer und effektiver ist. Dann gibt es für deinen Lebenspartner jemanden, mit dem es mehr Spaß macht. Dann musst du weg. Wir sehen das immer wieder im Bekanntenkreis, wenn der ehemals liebende Familienvater plötzlich mit einer Jüngeren abzieht. Wenn Eltern in Pflegeheim-Silos verfrachtet werden.

Und ich weiß nicht, was unangenehmer ist: Der ständige Druck, bewertet und eingeordnet zu werden, oder der eigene, ständig andere abschätzende Blick.

Und hier in Neumarkt erfahre ich nun: Du bist richtig, weil es dich gibt.

Es dauert keine 48 Stunden, da hat dieser Organismus mich geschluckt. Die Welt jenseits der Klostermauern ist nicht mehr meine Welt. Es ist die Außenwelt. Dort gibt es Karrieren, Tweeds, Sex, Verbrechen, Spotify und Krieg. Innerhalb dieser Mauern aber gilt nur das Wort Gottes, vermittelt von Bruder Peter und Bruder Markus. Und das besagt tatsächlich: beten und arbeiten. Die drei Gebetstermine am Tag sind bald sakrosankt für mich. Sie sind die Säulen des Tages, alles andere muss dazwischengeflochten werden. Und dreimal am Tag muss die Glocke geläutet werden. Auf die Minute genau muss sie erklingen, um die Menschen des Dorfes zum Gebet aufzurufen. Ich bin überrascht, wie schnell ich mich anpassen kann. Die Stille, die mich kurz nach meiner

Anreise terrorisiert hatte, ist nun meine Umwelt. Es ist nicht mehr seltsam, zwischen Männern in braunen Kutten auf einer Bank die Hände zu falten. Es wäre absurd, es nicht zu tun.

Hier lenkt nichts mich ab. Alle Gedanken landen wieder bei mir selbst. Hier bin ich die ganze Zeit bei mir, was mich natürlich mit der Frage konfrontiert, ob das denn eigentlich ein netter Platz ist – so bei mir.

Hier sind alle Dinge einfach, und es gibt hier nur einfache Antworten. Die Brüder sind einfache Menschen mit einfachen Problemen, und in der Einfachheit liegt die Lösung der Dinge. Lass das Rauschen weg und all die Komplikationen, lass den Lärm weg, all das Für und Wider. Dann siehst du die Dinge, wie sie wirklich liegen. Wer im Kloster ist, findet keine Erleuchtung, aber er findet sich selbst. Ein schlichtes in die Welt geworfenes Individuum, das mit Problemen ringt wie schon Hunderttausende vor ihm und das im Wesentlichen die gleichen Möglichkeiten hat, sich ihnen zu stellen. Hier im Kloster fühle ich mich wie ein kleiner Junge. Unsicher muss ich die Bräuche lernen, die Regeln und Riten. Aber ich darf auch alle Fragen wie ein Kind neu stellen. Ich kann alles ganz neu betrachten.

Ich muss es sogar. Und wenn ich mich so anschaue, sehe ich einen Menschen, der seine ganze Energie darin investiert, für andere Menschen etwas darzustellen, anstatt sich auf die Leute zu konzentrieren, die ihn so mögen, wie er ist. Einen armen Menschen. Ich bin bei den Kapuzinern genau richtig.

9 HEILIGES HOLZ

Ich habe ja keinen Begriff davon gehabt, wie viel Holz so ein Kloster im Winter braucht. Die Sonne Südtirols brennt mir auf das Haupt, während wieder und wieder mein Beil auf den Hackklotz niedersaust. Ich habe wunde Stellen an den Fingern, obwohl ich Handschuhe trage. Mein T-Shirt klebt an mir, zusammen mit Rindenstücken, Laub und Käfern. Manchmal flitzen Eidechsen durch den Holzhaufen, aus dem ich mir eine Baumscheibe nach der anderen ziehe, um sie zu vierteln. Hin und wieder flüchten Skorpione aus den Fugen des Brennholzes. Wenn ich einen Arm voll Holz gehackt habe, schleppe ich ihn zum Schuppen und schichte in auf. Langsam, langsam wächst der Holzvorrat.

Als ich mir das Leben im Kloster auszumalen versucht habe, sah ich mich in großen Hallen sinnierend über Gott bei Kerzenlicht. Oder schreitend in großen Sälen, in denen meine Schritte hallen. Ich hätte nicht gedacht, mich hier fluchend, hackend und schwitzend wiederzufinden.

Bruder Peter hat gesagt, dass man beim Arbeiten zu sich komme. Aber ich bin mir jetzt gar nicht mehr so sicher, wie nah ich mir eigentlich kommen wollte. Manchmal kommt Bruder Markus vorbei und sagt: »Sportlich, sportlich.« Ansonsten ist es nicht so, dass man für seinen Einsatz groß gelobt wird. Schließlich tut man, was man tut, ja nicht für die anderen, sondern für Gott. Allein ihm obliegt es zu loben. Aber Gott schweigt. Ich hätte mir vorgestellt, dass mir beim körperlichen Arbeiten gute Gedanken kommen. Allerdings werde ich eher tumb im Kopf. Anscheinend werden Philosophen nicht auf Baustellen geboren.

Bruder Peter kommt hin und wieder zu mir. Er ist am Fortschritt meiner Arbeit nicht wesentlich interessiert – eher daran, dass ich überhaupt arbeite. Als ich ihm schließlich stolz erkläre, dass ich fast das gesamte Holz für den Winter eingehackt habe, nickt er und sagt: »Gut.« Allerdings nicht anerkennend, eher registrierend. Dann zeigt er auf einen Schuppen im Klostergarten, der bedeckt von Efeu ist. Den Efeu, den könnte ich mal wegmachen. Ich sehe einen dunkelgrünen Blätterberg in der Mittagshitze rascheln, der aus einem armdicken Stamm quillt. Ich solle auch die Wurzel raushacken, das müsse man bei Efeu gründlich tun. Ich muss dazu sagen, dass man bei Betrachtung meiner körperlichen Statur nicht unbedingt auf die Idee kommt, ich sei der Richtige, um in Jahrzehnten gewachsenes Efeu von Fassaden zu reißen. Aber Bruder Peter hat da volles Zutrauen. Ich weiß nicht, ob ich mich davon geschmeichelt fühlen soll, dass er in mir einen so kräftigen Burschen erkennt. Ich nehme mir eine Heckenschere aus dem Geräteschuppen und stürze mich mit beiden Armen fuchtelnd ins Geäst. Links und rechts von mir fallen Efeuranken wie die abgetrennten Schlangenhälse einer Hydra.

Meine T-Shirts sind so schnell so verschwitzt, dass ich sie ständig im Waschbecken sauber rubbeln muss. Ich bin mit kleinem Gepäck angereist. Ich habe nicht damit gerechnet, dass ich zweimal am Tag die Klamotten wechseln muss.

Ich habe hier im Kloster fast nichts, aber mir fehlt auch nichts. Im Kloster ist für alles gesorgt, was man zu einem guten Leben braucht. Zu Hause brauche ich viel Zeit, Besitz anzuhäufen und zu verwalten. Ich muss Geld verdienen und anlegen und darauf Steuern zahlen. Ich muss Rücklagen bilden. Ich brauche die Dinge des täglichen Bedarfes, aber noch mehr als das. Die Sachen, mit denen ich mich umgebe, sollen mich ja repräsentieren. Ich brauche nicht irgendein Sofa, sondern ein besonders schickes, ich kaufe nicht irgendeinen Käse, sondern einen 18 Monate gereiften, von Kühen, die auf den Bergwiesen des Eiger grasten. Ich gebe viel Geld für Kleidung aus. Nicht so viel wie einige in meiner Branche, doch wohl schon genug, dass jemand wie Pater Brugger in Staunen geraten würde. Für mich ist das freilich berufsrelevant. Ich kann ja nicht über Mode schreiben, ohne auch Mode zu tragen, oder?

Aber warum mache ich das alles? Was ist der Wert von Besitz? Was würde wohl passieren, wenn ich auf einmal liederlich gekleidet auf den Mode-Terminen erscheinen würde? Was wäre das Allerschlimmste? Vielleicht, dass die Kollegen schlecht über mich reden würden. Dass sie sich über mich lustig machen könnten. Das ist alles. Ob wir uns hocharbeiten oder shoppen: Wir tun es nicht für uns, sondern für andere. Und zwar nicht für die anderen, die uns lieb sind, nicht für Freunde und Familie. Sondern für die, die wir selbst fürchten. Vor denen müssen wir bestehen. Warum also hänge ich mein Selbstverständnis an Waren auf? Mir hat einmal ein Priester aus Tansania gesagt: »Wir kommen mit nichts auf die Erde, und wir gehen mit nichts. Alles dazwischen ist eine Leihgabe Gottes.« In diesem Sinne besitze ich gar nicht mehr als die Brüder. Ich beschäftige mich nur viel mehr damit.

Dabei leben sie allerdings in ihrer Armut nicht schlechter als ich. Zumindest essen sie viel besser. Zum Mittag gibt es etwa Pressknödel und Pasta und Griesnockerln. Und dazu Salat in zwei Sorten aus dem eigenen Garten. Und zum Nachtisch Kompott – auch von Früchten aus eigenem Anbau. Alles so frisch, als wäre es eben noch in der Sonne gereift. Und, verdammt, so ist es ja auch. Ich hingegen esse Gemüse aus Gewächshäusern.

Am Abend esse ich mit Bruder Peter alleine, Bruder Markus ist in den Nachbarorten unterwegs. Ich frage, wie es denn so ist mit der Klostergemeinschaft. Er sagt, jeder kann sich auf den anderen verlassen, aber jeder ist auch für sich. Man lässt einander hauptsächlich in Ruhe. Man wird ja einem Kloster zugeteilt. Man sucht es sich nicht aus. Es ist keine Zweck-WG. Manchmal muss man Menschen und Städte verlassen, die einem sehr nah waren, und kommt zu Orten, wo man sich nicht wohlfühlt. Aber das ist es eben mit dem gottesdienlichen Leben. Man lebt nicht für sich.

Manche, sagt Bruder Peter, finden keinen Anschluss in der Gemeinschaft und leiden sehr unter der Einsamkeit.

Nicht so sehr die Brüder, aber umso mehr die Priester. Die sind in der Hierarchie höher gestellt und haben oft niemanden, mit dem sie sich austauschen können. Aber sie haben Alkohol. Und der Alkohol lindert die Schmerzen. Das hatte ich nicht bedacht. In meinen Augen war das Kloster immer ein Ort des Friedens, an dem Menschen gut zueinander sind. Es ist aber auch ein Ort der Unterwerfung unter die Gemeinschaft. Und der Konflikte. Denn Menschen wie Peter und Markus haben sich nicht freiwillig gefunden. Der Wille Gottes hat sie zusammengebracht. Das muss nicht tragisch sein. Aber bei Menschen, die so nahe beieinanderleben wie in einem Kloster, ist es vergleichbar mit dem Unterschied zwischen Liebesheirat und Zwangsehe. Beide müssen nicht glücklich sein. Aber bei Ersterer gibt es zumindest die Chance, dass alles gut wird, ohne dass beide akribisch auf die Regeln schauen.

Mir war schon aufgefallen: Es gibt wenig zuvorkommende Höflichkeit untereinander. Sie sind alle Gott verpflichtet, aber nicht unbedingt auch einander. Es ist klar, wer was wann macht. Aber man macht einander keine Freude. Es ist keine Familie. Beim Essen gibt sich jeder selbst auf den Teller. Man bietet nicht zunächst dem anderen an. Man schenkt dem anderen nicht ein, sondern nur sich selbst.

Ich frage Bruder Peter nach dem verunglückten Kapuziner, dessen Todesanzeige ich gesehen hatte. »Ach«, sagt Bruder Peter, »dieser Bruder, der war etwas speziell. Der hat immer sein eigenes Ding gemacht und sich mit niemandem abgesprochen. Und eines Tages war er Bergsteigen und hatte niemandem Bescheid gesagt. Sonst hätte man ihn wohl gewarnt, wie gefährlich das sein kann. Niemand wusste, wo der Bruder war, als er starb.« Ihm sei wohl der Rucksack abhandengekommen und auf ein Schneefeld gerutscht. Der Bruder sei dem hinterhergestiegen. Andere Bergsteiger hätten ihn noch rufend gewarnt. »Aber der Bruder glitt aus und rutschte weg. Seinen Rucksack hat man noch immer nicht geborgen«, sagt Bruder Peter. Das war wohl einer von denen, die hier nicht glücklich geworden waren, denke ich mir. Dann schweigen wir. Nachdem wir Gott gedankt haben, wird das Totenbuch hervorgeholt. Dort sind alle verstorbenen Kapuziner der vergangenen 400 Jahre verzeichnet, geordnet nach ihren Todestagen. Es werden stets die Kapuziner verlesen, die am jeweiligen Datum gestorben waren. Es ist ein faszinierendes Werk: Man redet über die Taten von Brüdern, die vor hunderten Jahren an Typhus verstorben sind, und betet für ihre Seelen. Ich frage Bruder Peter, ob er sich manchmal vorstellt, dass er auch einmal in jenem Buch stehen wird. »Nur, wenn es dann noch jemanden gibt, der hineinschaut«, sagt er.

Bruder Peter liest getragen vor, wer wann wie und wo bei den Kapuzinern gewirkt hat und verstorben ist. Eine kleine Geschichtsstunde. Bruder Peter blättert um und zieht die Augenbrauen hoch. Heute ist der Todestag des verunglückten Bruders. So ein Zufall denke ich. Aber ist es wirklich Zufall? Bruder Peter scheint wenig erstaunt. Für ihn scheint die Welt voller Zeichen Gottes zu sein.

Es ist das erste Mal, dass wir länger reden. Ich werde mit der Zeit mutiger und erzähle von meinen Zweifeln. Ich sage, dass ich gerne einen festen Glauben hätte, aber in mir kein Zutrauen finde. Ich frage Bruder Peter, wie er Gottes Gegenwart spürt. Er sagt:»Ich spüre, dass Gott mich annimmt, wie ich bin. Ich muss nicht perfekt sein, Gott nimmt mich auch so an.« Ich frage Bruder Peter, was denn die Fehler seien, die Gott an ihm toleriere. Bruder Peter sagt, dass er nicht streiten könne, dass er introvertiert sei und alles in sich hineinfresse und dass er dann in manchen Situationen nicht richtig reagiere. Er habe sich auch von Menschen trennen müssen, gegen die er sich nicht hat zur Wehr setzen können. Nun aber hadere er weniger mit sich. »Und das schafft eine größere Nähe zu Gott, mehr Vertrauen.« Ich sage, dass ich ebenfalls mit Gott hadere, dass ich gerne glauben würde, aber in den allermeisten Situationen eben keine Anwesenheit Gottes spüren könne. Stattdessen sei ich vor allem mit mir und den Anforderungen alleine. Mit all den Menschen, um die ich mich kümmern muss. Mit all den Aufgaben und Pflichten. »Was soll ich tun, um Gott näherzukommen?« – »Vor allem musst du lockerer werden. Sei lockerer mit dir, dann kannst du dich auch leichter Gott zuwenden. Und dann erst erfährst du die Kraft des Gebets.« Er habe auch lange Zeit dafür gebraucht – und er sei ja seinerseits schon 50 Jahre Ordensbruder. Man müsse lockerlassen und sich Zeit geben. Dann schickt er mich, die Glocken zu läuten. Ich gehe und ziehe am Glockenstrang. Eine Minute später ist Bruder Peter hinter mir. »Zieh fester, zieh fester!«, ruft er, »du sollst läuten, nicht klengeln, nicht so locker, nur nicht lockerlassen!«

Nachdem ich also geläutet habe wie zum Feuerwehreinsatz, frage ich Bruder Peter, ob er mir die Bibliothek aufschließen könne. Er öffnet mir den Raum im ersten Stock des Hauses.

Ein schmuckloses Zimmer, die Fenster sind verrammelt, damit kein Sonnenlicht das alte Papier ausbleicht. Irgendwo hängt ein Kruzifix. Ich bin etwas enttäuscht. Die Klosterbibliotheken, die ich aus dem Kino kenne, sind schwerhölzerne Labyrinthe. Diese hier hat nicht einmal Holzregale, die Bücher sind in Stahlregalen einsortiert, wie in einem Schulkeller. Trotzdem sind hier 400 Jahre Klostergeschichte gesammelt.

Ich habe in den vergangenen Tagen immer mehr Schichten von mir abgelegt. Das Gefühl, etwas darstellen zu müssen, den Gedanken, dringend etwas erledigen zu müssen. Und dann auch noch die Lust am Besitz. Ich bin immer kleiner geworden und immer klarer. Aber ich bin auch immer weiter zum Wesen des Klosters vorgedrungen. Nun bin ich in seinem Gedächtnis. Vielleicht sogar bei seiner Seele.

Vor mir stehen mächtige Folianten aus dem 17. Jahrhundert neben moderner Literatur. Bruder Peter drückt mir ein Buch in die Hand: »Das ganz normale Böse« – geschrieben von einem Kriminalpsychologen. Eine Abhandlung über das Böse im Menschen und ob es denn überhaupt existiert. »Das kannst du lesen, das ist sehr interessant.« Ich bin überrascht, ich hätte eher erwartet, christliche Erbauungsliteratur empfohlen zu bekommen. Ich streife durch die Regale. Es sind Bände geistiger und säkularer Natur darin, die einladen, in die Vergangenheit zu reisen. Ich finde zwei Ausgaben von »Der Weltbürger«. Ein Büchlein, das Ende des 18. Jahrhunderts erschien und mitteilte, wie die Sitten und Gebräuche in anderen Ländern sein mochten. Dort ist von England die Rede, wo die Frauen so »schön seyn, dass sie »ihrer eigenen Erscheinung mit nichts nachhelfen müssen«, nur »die Frauenzimmer des leichten Gewerbes« täten sich Zeug drauf. Die Engländerinnen aber frönen ihrer Lieblingsbeschäftigung, dem Reiten, wobei sie »quer im Sattel sitzen«. In England, lese ich, sind sogar die Straßenräuber so höflich, dass sie selten Gebrauch von der Waffe machen, »höchstens, wenn man sich ihnen widersetzt«.

Ich stöbere weiter in den Büchern, in denen brüchige von Stockflecken durchsetzte Seiten in uralten Bindungen geheftet sind, die knarzen, wenn man die spröden Bände öffnet. Viele der Werke sind »Ihrer Majestät« gewidmet und in beige-grauen Umschlägen, die nicht aus Leder, sondern einem papierbeschlagenen Leinen sind. Es ist ein erhabenes Gefühl, vielleicht der Erste seit hundert Jahren zu sein, der diese Seiten liest. Da sind etwa die »Zehn Gebote«, eine Geschichtssammlung des Mystikers Freiherr von Eckartshausen. Eine kleine Sammlung von Texten, die dem einfachen Menschen beibringen soll, warum man sich an die Zehn Gebote halten soll. Das Gebot »Du sollst nicht töten« wird mit grausigen Raubrittermord-Geschichten belegt. Das Gebot »Du sollst nicht begehren deines nächsten Hausfrau« ist hingegen anders begründet: Man bricht jemandem sonst das Herz. Von Eckartshausen zitiert einen Brief einer Frau an ihren »leichtsinnigen Ehemann«: »Wenn ich aber nun noch jetzt mein Herz, jene innige, mächtige Zärtlichkeit, die unaufhörlich für dich in mir herrscht, wenn ich diese dürfte reden lassen, und dir jene Unruhe, jene zärtlichen und ängstlichen Besorgnisse um dein Wohl, die mich Tag und Nacht foltern, vor Augen legen, wenn ich dir zeigen dürfte, wie mich bald die grausame Angst, dich auf ewig verloren zu haben, unserer künftigen Vereinigung vor dem Angesicht Gottes, worauf ich mich so sehr erfreue, durch deine strafbaren Vergehungen auf ewig unüberwindliche Hindernisse in dem Weg gelegt zu sehen – wie mich bald die herzfressende Furcht, dich mindestens durch einen frühen, durch deine Ausschweifungen über dich gebrachten Tod, hier zu verlieren – oder doch dich in Elend, Krankheit, Mangel und Schand gerathen zu sehen, ohne dich davor zu bewahren oder dich daraus erretten zu können, wie mich alles dieß wechselweise nagt, und mir Freude Thätigkeit und Gesundheit raubt, meinen Tagen am Morgen schon ihr Ziel setzt, und mich der Verzweiflung einem Kummer ohne Gränzen, und dem Tode überliefert; ach, würde dieß nicht deine Seele zum Mitleiden bewegen?« Oh Mann, was für ein Satz. Wann habe ich so etwas schon einmal über die Liebe gehört?

In meiner Welt ist die Liebe eine hochkomplizierte Angelegenheit, die mit Therapien am Leben gehalten werden muss, wo man ständig um Interessensausgleich kämpfen muss und in der Kinder gleichermaßen als Kitt wie als Gefahr gesehen werden. In meiner Welt gilt schon ein »Ich liebe dich« als hinlängliche Zumutung, denn damit setzt man ja voraus, dass beide unter Liebe das Gleiche verstehen. Aber eine »innige mächtige Zärtlichkeit« ist mir noch nicht begegnet. Sie würde vielleicht als grobe Übergriffigkeit angesehen werden. Ich spüre, wie wenig Zugang ich zu meinen Gefühlen habe, ich hätte gerne große, reine Gefühle – nicht solche kleinlichen.

Dann kommt mir eine Predigtsammlung eines Pater Albert von 1805 in die Finger. Es sind Fastenpredigten. Eigentlich schlage ich sie nur auf, weil mir der Untertitel »Über die Modechristen« gefällt. Wie lustig, dass es vor 200

Jahren als Mode galt, Christ zu sein. Sodass man zwischen »echten« Christen und »Modechristen« unterscheiden musste. Pater Albert, der in Bozen gewirkt hat, predigt in seiner ganzen Serie über die Pharisäer. Ich weiß wohl, dass diese im Neuen Testament nicht sonderlich gut wegkommen. Aber Pater Albert spricht über die Pharisäer seiner eigenen Zeit. Er spricht von Menschen, die beten und in die Kirche gehen, Almosen geben – also alles, alles richtig machen. Und dennoch von Jesus verachtet werden, weil sie sich der Richtigkeit ihres Tuns nur allzu bewusst sind, weil sie davon erzählen und sich deshalb auch als etwas Besseres vorkommen. Als eine Elite. Über die Pharisäer schimpft Albert: »Sie hielten in Ansehung ihrer alle Buße für überflüssig und alle Bußpredigten für eine Sache, die sie nichts anginge.« Irgendwie fühle ich mich direkt angesprochen. Wie viel von dem, was wir tun, sind Gesten? Wie viel reden wir über andere, um uns von ihnen abzusetzen, um sicherzugehen, dass wir etwas Besseres sind? Folge ich nicht auch dem einen oder anderen Kodex, nur um dabei zu sein in der Liga der Guten? Ich fahre kein Auto, esse Bioobst, spende Geld. Was davon ist tiefe Überzeugung, was Geste? Nach Pater Albert unterscheidet sich der Pharisäer vom Christen durch die Haltung. Der Christ spürt die Sünde und tut durch seine Taten Buße. Er tut Gutes, weil er weiß, dass er genauso schlecht ist wie alle anderen. Nicht, um etwas Besseres zu sein. Gibt es wohl große Unterschiede zwischen einem Pharisäer, einem Modechristen und einem Gutmenschen? Kaum. Was sind meine eigenen eitlen Gesten? Was tue ich selbst aus vollem Herzen? Im Kloster ist es still geworden. Die Nacht hat die Brüder längst verschluckt, als ich noch immer im Funzellicht der Bibliothek sitze und darüber nachdenke. Mein Leben überdenke. Schließlich blättere ich in einem Gebetsbuch aus dem 18. Jahrhundert. Es sind Gebete zu allen Gelegenheiten zum Nachbeten. Ich schlage auf: »Bei den Leiden und Widerwärtigkeiten dieses Lebens« – mein Thema.

Es ist ein Aufruf zur Selbstbefragung. »Sind meine Leiden in der That unerträglich? Habe ich denn alles verloren? Sind mir keine Vortheile, keine Güter, keine Kräfte, keine Freuden übrig geblieben? [...] Sind nun alle Quellen des Vergnügens und der Freude für mich versiegt? – Darf ich keine glückliche Veränderung meines Zustandes erhoffen? Sind die Übel die mich drücken schlechterdings und in allen Absichten Übel? Läßt sich nicht irgendein vortheilhafter Gebrauch davon machen?« Dort steht: »Leiden sind unvermeidlich in einer Welt, in der alles dem Unbestande und dem Wechsel, der Auflösung und dem Tode unterworfen ist.« Und am Ende: »So werde ich leiden, solange du mich leiden heißt, aber dem Leiden nie erliegen.« Und: »durch Leiden immer verständiger und besser und glückseliger werden! Amen!«

Während ich vorsichtig das Buch schließe, steigt eine Ahnung in mir auf. Auch wenn ich jetzt in Trauer bin: Es sind Gefühle, die ich mit Millionen Menschen teile, Gefühle, die so alt sind wie die Menschheit. Und millionenfach überwunden wurden. Ich werde nicht immer in Trauer sein. Und wenn ich sie überwunden habe, wird sie mich verändert haben. Vielleicht ist es das, was gemeint ist, wenn es heißt, Jesus habe den Tod besiegt. Der Tod ist da, aber er ist nicht alles. Er ist nicht das Letzte. Ich leide, aber ich leide nicht sinnlos. Ich werde es vielleicht einmal verstehen, eines Tages.

Ich lösche das Licht in der Bibliothek.

Am nächsten Tag schickt mich Bruder Peter gleich nach der Morgenmesse wieder an die Arbeit. Ich soll die Auffahrt von Unkraut säubern. Die Auffahrt des Klosters ist riesig. Sie umfasst dazu zwei Garagen mit Vorplätzen, plus Hof. Und überall wuchert Wein und sprießt das Unkraut aus den Ritzen. Es ist unüberschaubar. Es gibt nur zwei Möglichkeiten. Entweder der Obere will alles aus mir rausholen – oder die Arbeitsaufträge sind eine Botschaft. Ich soll davon ablassen, mit irgendetwas fertig zu werden, etwas zu schaffen. Stattdessen soll ich mich beschäftigen. Die Ziele loslassen. Halm um Halm zerre ich aus den Ritzen, der Rücken schmerzt, der

Schweiß tropft auf den Asphalt und verdampft in der Sonne. Ich fülle Schubkarren mit Grünabfall.

Arbeiten. Zu spüren, dass man lebt, dieses seltsam wabernde Bewusstsein im Kopf, die Unruhe, die unter der Schädeldecke kreist, das Blubbern des Magens, das Jucken der Haut. Es sind Reize und Gefühle, die durch meine innere Taubheit hindurchdringen. Ich bin so sehr damit beschäftigt, widerborstige Kratzbeerenstränge aus dem Erdreich zu reißen, dass ich kaum Zeit habe, mich mit meinen schlechten Gedanken zu beschäftigen. Es ist, als würde ich meine Traurigkeit aus der Haut schwitzen. Es ist das Leben, die pure Existenz. Und sie fühlt sich gut an.

Als ich zum Mittagsgebet erscheine, sehe ich, dass nun auch der dritte Bruder angekommen ist, Bruder Christoph, der Pole. Und er hat einen weiteren Gast mitgebracht. Etienne aus Madagaskar. Er ist auch Kapuziner. In den Entwicklungsländern sind die Bruderschaften wesentlich stärker, lerne ich. Etienne ist auf Europa-Besuch. Die Missionen wie Madagaskar sind wichtig für die Kapuziner, weil nur dort neue, junge Ordensbrüder zu werben sind. In den Schwellenländern sind Orden noch eine echte Alternative, sie bedeuten soziale Sicherung und Anbindung an den wohlhabenden Westen.

Christoph ist das Gegenteil von Markus und Peter. Er ist jünger und ungeduldig. Er ist ein Typ, der beim Essen sein Smartphone auf dem Tisch hat und alles googelt, was gerade besprochen wird. Christoph ist massig. Etienne wiegt etwa ein Drittel von ihm. Christoph und Etienne haben sich während eines Kapuziner-Austausch-Programmes kennengelernt. Etienne erzählt von der Tierwelt Madagaskars. Es gibt dort nämlich anders als in Kontinental-Afrika keine großen Raubtiere. Die am meisten verbreitete Wildkatze ist das Fossa. Ein katzenartiges Raubtier, das Lemuren frisst, Affen, die es auch nur auf Madagaskar gibt. Unglaublich, ich fliehe in die Bergwelt Südtirols und finde mich in Gesprächen über Affen wieder.

Etienne sagt, es gebe sogar singende Krabben. Und Krabben, die in den Bergen wohnen. Christoph muss sehr lachen. Es gebe in Madagaskar auch viele Chamäleons, erzählt der Gast. »Ich habe aber keines gesehen«. Es dauert, bis alle am Tisch den Witz verstanden haben und in Lachen ausbrechen. Nur Bruder Markus konzentriert sich weiter auf sein Gulasch.

Ich bemerke, dass eine Flasche Wein auf dem Tisch steht. Neumarkt liegt in einem wichtigen Weingebiet, nebenan ist Tramin, woher der Gewürztraminer stammt. Nur, dass die Flasche niemand anrührt. Hier im Kloster trinkt man fast nichts. Ich selbst habe in den letzten fünf Jahren keinen Tag ohne Alkohol verbracht. Wenn ich nach Hause von der Arbeit komme, freue ich mich auf ein Bier und später am Abend noch auf ein zweites. Mein Leben besteht aus ständigem Beschleunigen und Bremsen.

Hier aber tuckert alles im Takt voran. Und Alkohol hat keine wirkliche Verwendung mehr. Die Brüder bieten mir immer wieder Wein an, und sie trinken auch selbst ab und an ein Glas. Aber genau das ist der Unterschied. Hier ist das Trinken nicht mehr Teil eines Rituals. Hier macht es keinen Spaß mehr – hier ist es aber auch nicht mehr dafür verantwortlich, Spaß zu schaffen.

Ohne es selbst zu bemerken, habe ich aufgehört zu trinken. Zu Hause habe ich manchmal Befürchtungen gehabt, ich wäre auf dem Weg zum Alkoholiker, jemand, der unbedingt ein Bier braucht und ansonsten Entzugserscheinungen bekommt. Ich bin zu Hause schon zufrieden, wenn ich mich mit einem Bier am Abend begnüge. Ich fand das bislang auch nicht sehr schlimm. Ich habe dem Alkohol sehr viel zu verdanken. Ich weiß nicht, ob ich es stocknüchtern geschafft hätte, meine jetzige Frau anzusprechen – oder ob sie sich von mir hätte ansprechen lassen. Wir würden wahrscheinlich noch immer in der Kantine des Arbeitgebers, wo wir uns kennengelernt haben, zusammensitzen und hochinteressante Gespräche führen. Ich nahm stets an, es würde ein schwerer Abschied vom Alkohol werden. Stattdessen: nichts. Ich trinke eben nichts im Kloster. Ich trinke Ringelblumen- und Spitzwegerich-Tee statt Bier. Geht auch. Es ist frappierend.

Ich frage Markus nach Seife. Ich brauche nicht viel in meiner Kammer. Aber Kernseife zum Waschen schon. Markus meint, Seife gebe es im Supermarkt. Ich stocke. Ja, stimmt, es gibt ja Supermärkte. Da draußen. Der Supermarkt ist nur 200 Meter entfernt. Ich verlasse seit Tagen das Kloster zum ersten Mal. Draußen ist diese Welt voller Autos und bunt gekleideter Menschen – und Supermärkten.

Kaum öffnet sich die automatische Pforte, bin ich wie paralysiert. Es sind Massen von Waren und Marken. Ich weiß irgendwie, dass das ein ganz normaler Supermarkt ist, wie ich ihn schon tausendmal gesehen habe. Aber jetzt ist er anders. Ich verstehe ihn nicht mehr. Für wen ist das alles, wer braucht das? Was soll mir das sagen, was sollte es mir helfen? Ich sehe zwölf Sorten Cerealien und noch mehr Sorten Hundefutter. Es dauert lange, bis ich die Seife gefunden habe. Es gibt genau zwei Sorten Seife, ich nehme die Olivenseife. Ich bin froh, wieder hinter den Klostermauern zu sein. Ich weiß jetzt, dass ich wieder nach Hause muss. Bevor mir die Außenwelt zu wahnsinnig vorkommt. Denn hier wohne ich nicht. Ich wohne da draußen.

Am letzten Abend gucken wir nach dem Essen zusammen TV. Die Abende zuvor haben wir auch manchmal Fernsehen geschaut. Auf einem alten Apparat, der in einer Schrankwand mit eigenem großen Fach für den Fernseher steht. So etwas kennt man ja gar nicht mehr. Meistens haben wir regionale Nachrichten geschaut. Wo die Wölfe ein Schaf gerissen haben, wo eine regionale Bahnstrecke ausgebaut wird. Danach Schlager. Kapuziner gucken gerne Schlager, das Highlight war: »Helene Fischer präsentiert ihre neuen Songs.« Heute bestimmt Bruder Christoph das Programm, also gucken wir: »Der Zweite Weltkrieg in Farbe«. Bruder Markus bietet mir etwas aus seiner Flasche Whiskey an, die er vielleicht nur öffnet, weil Bruder Peter gerade nicht im Raum ist und schlechtes Gewissen macht. Als Hitler gerade den folgenschweren Fehler macht, die Heeresgruppe Nord vom Angriff auf Moskau abzuziehen, frage ich, ob eigentlich auch Familienväter wie ich Kapuziner werden können. Im Grunde schon, sagt Bruder Markus. Aber die Ehefrau muss der Kirche ihr deutliches Einverständnis mitteilen. Und die Kinder müssen erwachsen sein. Wenn meine jüngste Tochter volljährig sein wird, werde ich in meinen 60ern sein. Dann brauche ich auch keinen Zölibat mehr.

Ich verlasse das Kloster an einen Samstag noch vor dem Frühstück. Es ist ein Ort, der mich näher zu Gott gebracht hat. Weil er mich näher zu mir selbst gebracht hat. Es ist ein Ort, zu dem ich gerne zurückkehren würde. Wenn er denn dann noch existiert.

10 ICH CHRIST?

Der Friede im Kloster hat in mir den Wunsch, einen Glauben zu haben, der mich stützt, noch stärker werden lassen. Ich würde gerne eine göttliche Liebe spüren, die mir die Angst nimmt und den Weg weist. Was hält mich ab? Mir gefällt vieles, was mit dem Glauben verbunden ist – aber ich müsste dafür an ein überirdisches Superwesen glauben, das sich der gesamten Menschheit annimmt und dabei mich ganz persönlich liebt.

Ich fand es immer schwer, Christ zu sein. Schließlich muss man sich dabei auf eine 2000 Jahre alte Geschichte berufen, deren historische Belege durchaus dünn sind. Ich fand diese Geschichten schon unglaublich, als ich noch in einem Alter war, als man eigentlich alles glaubte, was einem so vorgesetzt wurde. In der Schule hatten wir Religionsunterricht bei Frau Bernard. Sie war groß, trug eine blondierte Dauerwelle, hatte stark geschminkte Augen und Solariumsbräune. Mit anderen Worten: Sie sah umwerfend aus. Leider fand sie mich nicht umwerfend, was vielleicht an meinem Stil der Unterrichtsteilnahme lag. Ich war nicht gelangweilt oder aufsässig. Ich machte mir aus Jesus nur einen Jux. Frau Bernard erzählte uns in jeder Religionsstunde von einem Wunder, das Jesus vollbracht hatte. Anschließend sollten wir die Begebenheit malen. Ich malte immer comicartige Szenen, in denen die Wunder fürchterlich schiefgingen. Der Blinde läuft nach der Heilung gegen eine Laterne; als der Gelähmte auf der Trage von seinen Leuten durch das abgedeckte Dach eines Hauses an Seilen zu Jesus heruntergelassen wird, fällt jenem die Trage auf den Kopf. Als er mit zwei Fischen Hunderte Zuhörer satt machen will, verwandeln sich die Fische in zwei Riesenhaie, vor denen alle panisch fliehen. Frau Bernard fand meine Bilder nicht gut. Dabei wollte ich sie doch nur zum Lachen bringen, weil ich sie so toll fand. Ich sollte später noch viel darüber lernen, wie kompliziert es sein kann, Frauen, die man toll findet, zum Lachen zu bringen. Frau Bernard jedenfalls wurde skeptischer und skeptischer.

Zumindest äußerlich kann ich eine solide Karriere als Christ vorweisen – an meinem ersten Geburtstag wurde ich getauft. Meine Familie hat eine lange protestantische Tradition. Mein Urgroßvater war Missionar in Tansania. Mein Großvater predigte in der Kirche des Dorfes in Mittelfranken, in dem er lebte. Meine Großmutter gehörte in der Nazi-Zeit zur Bekennenden Kirche, das waren Christen, die sich gegen die Vereinnahmung des Christentums durch die Nationalsozialisten stellten. Trotz Verbots gab meine Oma Religionsunterricht und wurde dafür strafversetzt. Ich selbst war als Junge Mitglied im Christlichen Verein Junger Menschen. Einem Verein, der Wohltätigkeitsaktionen und Geländespiele mit Andachten und Gebeten verband. Und später wurde ich ordentlich konfirmiert.

Allerdings war bei meiner Konfirmation der Glaube schon schwer angeschlagen. Ich erinnere mich an die Konfirmations-Freizeit. Das war eine Fahrt nach Pirmasens, wo wir in einem alten Bahnwärterhäuschen logierten, das dem CVJM gehörte. Auch meine Gruppenleiter aus CVJM-Tagen waren vor Ort. Am Abend saßen alle an einem Holztisch in der Küche und tranken Pfefferminztee und redeten. Ich trank Tee, weil ich nichts anderes trinken durfte, die CVJM-Betreuer, weil sie nichts anderes wollten. Ich war schon damals ein Jugendlicher der Klassifizierung »neunmalkluge Nervensäge« und diskutierte mit ihnen die Frage: »Gibt es Gott?« Ich: Nein, es gibt ihn natürlich nicht. Meine ehemaligen Betreuer gaben sich alle Mühe dagegenzuhalten. Einer argumentierte, man müsse sich doch nur die Wunder der Natur anschauen, um zu verstehen, dass es jemanden geben muss, der das geschaffen hat und der das alles liebt. Ich fragte zurück, ob er vielleicht mal etwas von der Evolution gehört habe, die sei im Unterschied zu seiner Geistertheorie bewiesen. Das Universum sei durch den Urknall entstanden, nicht weil Gott etwas zum Spielen brauchte. Ein anderer meinte, jemand habe ja auch den Urknall auslösen müssen. Ich entgegnete, dass die Frage, was vor dem Urknall gewesen sei, lediglich eine Frage jenseits unseres Wissenshorizontes sei. Nur weil wir nicht wissen, wie es dazu gekommen ist, sei dies noch längst kein Gottesbeweis. Vielleicht werde man es eines Tages wissen, so wie man heute weiß, wie das Wetter entsteht. Dafür sei vor ein paar Hundert Jahren auch noch Gott alleine zuständig gewesen. Jemand anderes sagte, Gott sei die Liebe. Ich meinte, dass die Liebe ja auch prächtig ohne Gott funktioniere. Alles Gute sei möglich, ohne dass man dabei den Höchsten anrufen müsste – und viel Böses sei im Namen Gottes vollbracht worden. Nur weil man sich auf Gott berief, durfte man Menschen abschlachten wie Tiere. Sei es da nicht besser, es gebe keinen Gott, den man für so etwas hernehmen könnte? Ich genoss die Diskussion, weil ich sie ja praktisch nicht verlieren konnte. Etwas Überirdisches kann man nicht beweisen, und Darwin und Newton waren auf meiner Seite. Dann wurde ein anderer Betreuer, ich glaube, der mochte mich noch nie, sauer. Er polterte: »Wenn du so sicher bist, dass es Gott nicht gibt, warum lässt du dich dann konfirmieren?« Das war natürlich ein Argument. Ich war kurz verblüfft und meinte dann: »Weil ich mir heute sicher bin. Aber weiß ich denn, was ich später in meinem Leben denken und glauben werde? Vielleicht brauche ich den Glauben einmal.« Im Nachhinein war dies wohl der einzige kluge Satz, den ich an jenem Abend gesagt habe. Denn jetzt brauche ich den Glauben.

Zurück in Berlin, sitze ich mit solchen Gedanken in der U-Bahn, als mich eine junge Frau anspricht. Sie könnte Inderin oder Pakistani sein. Sie sagt, es wäre nicht ihre Art, fremde Männer anzuquatschen, aber sie habe eine wichtige Information für mich. Sie könne nämlich die Auren von Menschen sehen. Die Aura soll das unsichtbare Energiefeld des Menschen sein. Und meine Aura habe eine Störung im Hals-Chakra. Es gebe etwas, über das ich nicht sprechen könne, die Kommunikation sei gestört. Ich muss lachen, was in dem Moment nicht gut ankommt. Na hervorragend, jetzt ist auch noch mein Hals-Chakra im Eimer. Auch das noch! Die Auren-Leserin lässt verwirrt von mir ab. Ich nehme an, ich hätte mich bei ihr zu einer Energiefeld-Reparatur anmelden können.

In Berlin, der Stadt, in der die Kirchen leer sind, gibt es einen boomenden Markt an geistlichen Angeboten. Berlin soll laut eines Esoterikmagazins sogar die »spirituelle Hauptstadt Europas« sein. Es gibt hier alles Feinstoffliche. Man kann meditieren und mit Hindus chanten, also ein Mantra singen. Man kann seine spirituelle Energie aus Steinen ziehen. Man kann durch magische Raunächte reisen und Astralwanderungen unternehmen. Man kann lernen, die Tarotkarten zu lesen und das eigene Schicksal auszupendeln. Man kann Tiefenentspannung lernen und per Selbstanbindungstraining mit seinem lebendigen Selbst in Kontakt treten. Man kann Handlesen lernen und Astrologie für Anfänger betreiben. Man darf sich als Medium versuchen und Quantenheiler werden. Man kann sich zur Hexe ausbilden lassen oder zum Schamanen. Und natürlich gibt es alle erdenklichen Arten von Yoga. Jeder kann auf seine Weise etwas für seine Seele tun. Spiritualität ist hier eine Handelsware.

Ich habe mich als Heranwachsender immer wieder mit spirituellen Themen beschäftigt. Als ich etwa 14 Jahre alt war, war ich viel alleine. Es war eine Zeit, in der niemand etwas mit mir anfangen konnte, am allerwenigsten ich selbst. Die Mädchen interessierten sich aus gutem Grund nur für ältere Jungs. Und die Jungs interessierten sich für Dinge, die mir total egal waren, Fußball und Computerspiele. Es ist keine leichte Zeit, wenn man aus der Selbstverständlichkeit der Kindheit herauswächst, wo die Eltern eine Art natürliches Ordnungssystem darstellen. Plötzlich ist alles voller Fragen, und das eigene Leben fühlt sich ungut an.

In unserer Stadt hatte eine Esoterik-Buchhandlung aufgemacht. Es gab dort nicht nur Bücher, sondern alles Mögliche: heilende Steine, Aroma-Öle, Wünschelruten, Pendel und

Karten, mit denen man die Zukunft voraussagen konnte. Ich war fast jeden Tag dort, investierte mein Taschengeld in Bergkristalle und hing dort so viel ab wie möglich. Ich fand schnell Anschluss an Menschen, mit denen ich über die Strahlung der Aura, Traumdeutung und Wanderungen des Astralkörpers reden konnte. Vom heutigen Standpunkt aus gesehen ist das großer Quatsch, aber damals wollte ich daran glauben. Es ist erstaunlich, an was man alles glauben kann, wenn man nur ein paar Leute um sich hat, die die eigenen Annahmen bestätigen. In dieser Zeit wurde ich auch auf die Hare-Krischna-Sekte aufmerksam. Es war bei einem Schulausflug zum Heidelberger Schloss, als ich auf die jungen Leute in der Fußgängerzone traf. Sie hatten rasierte Köpfe mit lustigen Schwänzchen, sie trugen orangene Kutten. Sie sprachen über die indische Gottheit Krischna und verteilten Bücher. Sie fragten nach meiner Telefonnummer, die gab ich ihnen. Ein paar Tage später rief mich tatsächlich jemand an. Sie seien mit ihrem Tempel-Bus in meiner Stadt. Ich solle sie am Hauptbahnhof treffen. Wenig später saß ich mit zwei Krischna-Jüngern in einem umgebauten VW-Bus, der mit Teppichen ausgelegt war. Sie wollten mit mir chanten, das machten sie wohl den ganzen Tag. Sie kneteten Molkepulver und Vanillezucker zu süßen klebrigen Kugeln, die sie mir anboten. Wir tranken Tee und sangen wieder Mantras. Ich fragte nach Krischna, sie schwärmten davon, wie schön er sei, seine Haut so blau wie der Himmel. Ich fragte die beiden, was man so macht als Krischna-Gläubiger. Sie sagten, sie arbeiteten zusammen, sie sängen zusammen, ich solle doch gerne mal in den schönen Krischna-Tempel nach Heidelberg kommen und es mir ansehen. Die beiden schienen wirklich sehr glücklich zu sein, allerdings machten sie mir den Eindruck, als seien sie lobotomiert. Ich versuchte, mir vorzustellen, wie ich in einem orangenen Strampelanzug auf einem Teppich sitze und Mantras singe, bis mein Gehirn flüssig wird. Es war das erste Mal, dass ich mich fragte, ob

glücklich zu sein wirklich erstrebenswert sei. Und ob Einsamkeit nicht besser sei, als in so einer Krabbelgruppe zu leben, wo man den ganzen Tag unglaublichen Schwachsinn von einem blauen indischen Gott redete.

Ich hätte es bestimmt schick gefunden, irgendetwas Abgefahrenes zu glauben. Aber es gelang mir nicht. Ich konnte nicht mit meinem Astralkörper durch die Welt spazieren, ich konnte nicht meine Aura streicheln, und die Heilsteine blieben für mich dann doch nur schnöde Mineralien.

Aber warum sollte mir der christliche Glaube näher sein? Immerhin ist die hiesige Vorstellung von Gott auch nicht logisch. Ein Gott, der gleichzeitig Vater, Sohn und Heiliger Geist ist. Der Menschenfrauen schwängert und sich selbst als seinen Sohn auf die Welt bringt. Einer, der seinen Sohn zur Vergebung unserer Sünden opfert. Wie soll man an so etwas glauben? Wer soll annehmen, dass sich Oblaten und Wein im Kelch in den realen Leib und das reale Blut Christi verwandeln? Warum soll Jesus Gottes Sohn sein, aber Mohammed nicht sein Prophet?

Ähnliches kann man über die Kirche als Gottes Vertretung auf Erden sagen. Wie viele offenkundig schlimme Taten wurden wohl im Namen der Kirche begangen? Warum waren es nicht die Kirchen, die als Erste für offenkundig gute Sachen wie Emanzipation und Schwulenrechte eintraten? Und warum soll gerade ein Pfarrer eine besonders verständige Person sein? Schließlich leben die Leute, die in der Kirche predigen, unter Bedingungen, von denen die meisten nur träumen können. Sie haben einen lebenslang garantierten Arbeitsplatz, eine mietfreie Unterkunft und einen Boss, der nie vor ihrem Schreibtisch auftaucht. Warum sollen gerade die sich mit Problemen auskennen?

Andererseits habe ich ja selbst erlebt, wie wohltuend ein Gottesdienst sein kann. Und ich habe die innere Sehnsucht danach gespürt. Und es tat so gut, unter Menschen zu sein, die mit mir diese Sehnsucht teilten. Der Gottesdienst war, wie in einer Quelle gewaschen zu werden. Als ich auf meinem Kirchenstuhl saß, vom Licht, das durch ein Fenster fiel, beschienen, gebadet in den Klängen der Orgelmusik, waren für eine kurze Zeit all die schlimmen Gedanken, all die Ängste, all die inneren Verkrustungen weg. Einfach, indem ich mit anderen Menschen gesungen und gebetet habe. Vielleicht ist das in den Briefen der Apostel gemeint, wenn davon die Rede ist, Jesus mache einen zum »neuen Menschen«.

Mich drücken viele Fragen: Wie kann ich glauben, ohne all das ad absurdum zu führen, was ich schon weiß? Wie soll ich an die Kraft des Gebetes glauben, wenn ich weiß, dass ein aggressiver Tumor nicht durch Gebete zu stoppen ist? Wie soll ich an Wunder glauben, wenn ich in meinem Umfeld keine Wunder erfahre? Wie soll ich glauben, wenn ich nicht zweifeln darf? Soll Glaube an Gott bedeuten, dass wir an die Wissenschaft nicht mehr glauben sollen? Einfacher gefragt: Wie soll man glauben, ohne gleichzeitig ein kompletter Idiot zu sein?

Ich höre oft Theologen im Radio über den Glauben sprechen, die die Welt aus der Sicht des Glaubens interpretieren. Aber sie sprechen selten davon, wie das, von dem sie wie selbstverständlich ausgehen, mit dem gesunden Menschenverstand zu vereinbaren ist. Auch würde ich mich damit gewiss leichter tun, wenn ich das Gefühl hätte, zu einer Mehrheit zu gehören. Aber in meinem Bekanntenkreis finde ich kaum Menschen, für die Gott eine große Rolle spielen würde. Ich müsste für diese Menschen das christliche Vorbild sein – aber mir selbst fällt es schwer, davon zu sprechen, dass ich gläubig bin. »Gläubig« – das hört sich nach Händchenhalten mit Jesus an.

Zumal es auch gesellschaftliche Erklärungen für den christlichen Glauben gibt. Ich habe einmal bei dem britischen Autor Kenan Malik über die historische Rolle von Religionen gelesen. Er erklärt, es habe geschichtlich Sinn gemacht, monotheistische Religionen wie den jüdischen Glauben, das Christentum oder den Islam zu etablieren. Die polytheistischen Religionen mit ihren Himmeln voller Götter seien das Abbild einer chaotischen Gesellschaft gewesen. Jeder im Götterhimmel handelte nur nach seinen

Interessen, und jedes Interesse sei gerechtfertigt. Je nachdem, ob man wollte, dass die Ernte gelänge oder ein Feldzug siegreich endete, betete man den zuständigen Gott an. Diese Götter waren keine Vorbilder, sie waren launisch. Ganz ähnlich ging es bei den Naturreligionen zu, wo die egoistischen Interessen der Götter deckungsgleich waren mit den egoistischen Interessen der Menschen.

Die monotheistischen Religionen hingegen hatten Schriften, auf die sie sich beriefen. Es gab eine Ordnung, an die sich alle zu halten hatten, etwas, das über den Partikularinteressen schwebte, ein Maßstab für richtiges und falsches Verhalten. Der Glaube ordnete die Gesellschaft. Er machte das Leben planbar. Und es gab eine Verantwortung aller vor Gott. Die Gemeinschaft war komplexer und die Arbeitsteilung vielfältiger geworden. Religionen wie die Götter-Soap auf dem Olymp genügten dem nicht mehr. Außerdem passten monotheistische Religionen besser zur damaligen Staatsform: Wo es den einen Kaiser gab, war es sinnfälliger, wenn es auch nur einen Gott gab, der ihn legitimierte.

Religionen sind also nicht willkürlich, sie spiegeln auch ein gesellschaftliches Selbstverständnis wider, und ihr Einfluss verändert sich entsprechend.

Wie soll man all dies wissen und trotzdem glauben?

Vielleicht liegt darin auch die Antwort auf die Frage, warum manche Menschen eher daran glauben können, dass Wasser magische Kräfte hat, als dass Gott sie beschützt. Unsere Gesellschaft zerfällt immer mehr in kleine Gruppen. Wenn man nicht mehr an die Universalität der Gesellschaftsordnung glaubt, nicht mehr an das große Gemeinsame, erscheint auch ein universeller Gott immer weniger passend. Vielleicht wenden sich Menschen deshalb immer gerade dem Glauben zu, der momentan am besten zu ihrem Leben passt. Vielleicht rühren daher die vielen neuen Götter und Geister, die durch Berlin schweben.

Es gibt die Sehnsucht nach Spiritualität, aber sie kommt nicht bei Jesus an. Es gibt ein starkes Bewusstsein dafür, dass materielle Güter nicht glücklich machen. Es gibt das Bedürfnis, achtsam sein zu wollen. Aber dieses Bedürfnis stillt man nicht im christlichen Glauben und der christlichen Gemeinde, sondern sucht sich eigene Wege. Wege, an die man besser glauben kann als an das Heil in einer großen Gemeinschaft. Früher stand die Kirche für diese große Gemeinschaft und für das Gute im Menschen. Heute steht die Kirche für viele vor allem für sich selbst.

Das hat Folgen. In Berlin etwa sind die Christen auf dem Rückzug. Nur noch 25 Prozent der Bürger gehören einer der beiden Kirchen an. Jedes Jahr verlieren die Kirchen hier mehr als doppelt so viele Mitglieder, wie neue hinzukommen. Die Hauptstadt mit ihrem hohen Anteil an Atheisten und Muslimen trifft es besonders hart. Aber auch im Rest des Landes sieht es für die Kirchen nicht gut aus. Und daran konnten wohl weder der deutsche Papst, der Medienstar Franziskus noch das Lutherjahr etwas ändern.

Es gibt in Deutschland etwa 45,4 Millionen Menschen, die in einer der großen Kirchen organisiert sind. Es gibt hierzulande 45000 Kirchen, die Amtskirchen sind der zweitgrößte Arbeitgeber des Landes. Diese Zahlen sind beeindruckend. Sie sagen allerdings nicht viel über den Zustand des Glaubens aus. Gingen 1960 noch 46 Prozent der Katholiken an einem normalen Sonntag in die Kirche, waren es 2016 nur noch knapp elf Prozent. Die große Mehrheit, 60 Prozent, glaubt nicht mehr an das ewige Leben. Nur noch ein Drittel der Deutschen glaubt an die Auferstehung Christi. Zum Vergleich: 25 Prozent der Deutschen glauben an Horoskope. Jesus ist also ähnlich überzeugend wie eine Spalte mit Sternzeichen-Piktogrammen auf Seite 16 der Bild-Zeitung.

Ich finde, die Kirche verkörpert viele gute Werte. Ich habe sie ja selber erfahren. Ich frage mich, wie es die Kirche schaffen könnte, wieder besser mit der Gesellschaft zu kommunizieren. Und ob es mir dann auch leichterfallen würde, meinen Glauben zu bekennen.

Es sieht nämlich nicht überall in den christlichen Gemeinden mau aus. Es gibt freikirchliche Projekte, die viel Zulauf haben. In Berlin ist das etwa das Berlinprojekt. Es ist eine Gemeinde, die seit mehr als zehn Jahren besteht und sich jeden Sonntag in einem Kinosaal in Berlin Mitte trifft. Zu jedem Gottesdienst kommen 300 bis 400 Menschen. Einer der Gründer dieses Projekts ist Christan Nowatzky. Ich will mich mit ihm verabreden, nach mehreren Anläufen gelingt es. Wenn man ihn trifft, hat man nicht das Gefühl, einen Pfarrer zu sprechen. Eher einen Start-up-Gründer. Wir verabreden uns in einem französischen Restaurant mit einem »super Mittagstisch«, wie er in einer E-Mail geschrieben hat. Es stimmt, der kleine Laden ist voll, und die Bedienung hat gut zu tun. Nowatzky weiß, wo es gut ist. Er mag das Leben. Er trägt Pullover und Jeans – ein geschmackvoller Pullover und eine nicht ausgetragene Jeans. Ein Macher mit jugendlichem Charme. Er kümmert sich nicht nur um seine Gemeinde »Berlinprojekt«, sondern auch noch um ein Zweitstudium. An der Cambridge University belegt er einen Fernstudiengang über Unternehmensgründung. Er will nämlich eine App programmieren. Nowatzky hat bemerkt, dass es viele Meditations-Apps gibt, die großen Erfolg haben. Die Menschen suchen Kontemplation. Warum kann man so etwas nicht auch für Gebete machen? Eine App, die beim Beten hilft. Ein geistliches WhatsApp. So denkt Nowatzky. Er ist ein christlicher Entrepreneur.

Vor der Gründung des Berlinprojekts hatte er zusammen mit seinem Freund Konstantin von Abendroth ein Praktikum bei der Redeemer Presbyterian Church von Timothy Keller in New York absolviert. Dort hatte er eine Kirche erlebt, die eine Religion lehrt, die sehr verschieden ist von der, wie sie in hiesigen Breiten gelebt wird. In den deutschen Amtskirchen geht es vor allem darum, wie man nach den Geboten lebt, wie man ein gottgefälliges Leben führt. Wie man sein Handeln an der Bibel orientiert. In der New Yorker Erlösergemeinde aber wurde anders gedacht. Dort setzte man voraus, dass man sich schon nach Kräften bemüht, ein gutes Leben zu führen. Woran es den Menschen fehle, sei das richtige Verhältnis zu sich selbst und zu Gott. Vor allem die Botschaft der Liebe ist wichtig. Es wird nicht danach gewertet, ob man den eigenen Ansprüchen gerecht wird, sondern, dass Gott einen auch dann liebt, wenn man an den eigenen Ansprüchen scheitert.

Das war für Nowatzky die Anfangsidee des Berlinprojekts: die frohe Botschaft Gottes für ein urbanes Publikum nutzbar zu machen. Er und sein Partner Konstantin von Abendroth halten Predigten, die auf die Probleme eingehen, die Menschen, die in Städten wie Berlin wohnen, wirklich umtreiben. Wie bekomme ich meine ganzen Lebensrollen auf die Reihe? Sollte ich ein Ziel im Leben verfolgen, und wie könnte Gott mir dabei helfen? Sie haben damit eine Energiequelle aufgetan, einen sprudelnden Bach, den sie nun auf allerlei Mühlen leiten können. Das Berlinprojekt erklärt nicht, was man für andere tun soll, es erklärt eher, was Gott für einen selbst tun kann. Wie man selbst in einen Dialog mit Gott kommt. Gott hilft bei der Sinnsuche.

Das Bestechende an Nowatzky ist sein gnadenloser Blick auf die eigene Zunft. Er betrachtet die Amtskirchen ohne jede Gefühlsduselei. Er hat eine einfache Erklärung dafür, warum die Kirchenbänke leer sind. »Die Kirche liefert ein nicht zeitgemäßes Produkt ab«, sagt er. »Jeder, der von außerhalb auf dieses Unternehmen schaut, erkennt sofort, dass das nicht funktionieren kann.« Wer wolle sich nach einer stressigen Woche sonntags noch Belehrungen abholen? »Die Lieder in der Kirche sind voll von Liebesbotschaft«, sagt Nowatzky, »aber die Predigten voll von Tristesse.« Für ihn predigt die Kirche an denen vorbei, die ihre Klientel wären.

Nowatzkys Produkt ist besser. Und er hat die bessere Zielgruppe. Als man mit dem Berlinprojekt begonnen habe, sagt Nowatzky, seien vor allem Werber, Grafiker und Webdesigner zum Gottesdienst gekommen. Mittlerweile sei man eine normale Gemeinde, eine Gemeinde für die Menschen im

Kiez. Nowatzky will nicht nur der Gemeindepfarrer für Berlin Mitte sein. Er will auch Eroberer sein. Ich frage ihn, ob es ihm nicht leidtue, dass in seiner Kirche vor allem Menschen seien, denen es an nichts mangele. Keine Alten, keine Armen, keine von denen, die dringend etwas brauchen, an das sie glauben können. Nowatzky sagt, dass seelische Not nicht vom Einkommen abhänge. Außerdem sei seine Gemeinde schon wesentlich »normaler« als zu den Anfangszeiten. Und er verweist auf das Urchristentum. Warum habe Paulus die griechischen Juden in den Städten missioniert? Weil er wusste, dass er sich ihnen verständlich machen konnte und sie gleichzeitig offen für Veränderungen waren. Paulus habe sich seine Zielgruppen ausgesucht. Das Urchristentum, meint Nowatzky, war ein urbanes Projekt.

Mir wird klar, wie Nowatzky die Sache sieht. Wir sind nicht am Ende, sondern ganz am Anfang. Und die Zeiten sind günstig. Die spirituelle Suche der Menschen, so sagt er, sei eine Ermutigung für ihn. Für Nowatzky gibt es keine Krise des Glaubens. Es gibt vor allem einen Markt mit Möglichkeiten und mangelhaften Mitbewerbern. Und es gibt ihn. Als er sich verabschiedet, sagt er, er müsse nun zur Vorbesprechung einer Taufe. Ein Journalist. Ein weiterer Multiplikator.

Mit jemandem wie Nowatzky zu reden, macht sofort Spaß. Er stellt sofort den Selbstmitleids-Sound ab und erkennt Möglichkeiten, wo andere nur Probleme sehen. Die Leute kommen nicht mehr in die Kirche? Dann kommt die Kirche eben zu ihnen als App!

Trotzdem fühlt es sich für mich seltsam an, als ich einen Gottesdienst des Berlinprojekts besuche. Obwohl das Problem eher ist: Alles fühlt sich sehr gut an. Der Gottesdienst wird im Berliner Kino Babylon abgehalten, als hätte man sich die Botschaft von Trotzki über die besseren Möglichkeiten des Kinos gegenüber der Kirche zu Herzen genommen. Wenn man im Kino ankommt, wird man mit Kaffee oder Tee empfangen, man entspannt erst mal vor dem Gottesdienst und begibt sich dann in den Kinosaal. Überall sind junge Leute in den Sitzreihen. Keine Christenhippies, sondern das junge Bürgertum, das man auch im Prenzlauer Berg trifft. Statt einer Orgel gibt es eine Band. Statt Belehrungen Gedanken, wo im Leben Platz für Gott ist und wie man im Leben herausfinden kann, welchen Weg man einschlagen möchte. Niemand kommt mit dem Klingelbeutel, die Hostien des Abendmahls sind wirklich lecker. Die meisten Gäste kommen in kleinen Gruppen oder haben sich im Kinosaal verabredet. Man will eigentlich sofort wiederkommen, man ist voll am richtigen Ort. Nowatzky hat recht: das bessere Produkt. Doch plötzlich mache ich mir Gedanken, ob sich die Leute möglicherweise wundern, dass ich hier alleine in den Reihen sitze. Ob sie denken, dass ich keine Freunde habe. Ich glaube, ich wäre gerne so wie sie. So cool im Glauben. Ich fühle mich einsam in den Reihen, als würde ich alleine ins Kino gehen.

Dann erst fällt mir ein, dass ich ja gar nicht alleine bin. Was mir hier fehlt, sind meine eigenen Leute. Mir fehlt die Oma mit Rollator, die sich mit ihrem schlimmen Buckel an jedem Sonntag in die Thomas-Kirche schleppt. Mir fehlt Marie-Luise. All diese Menschen sind mir irgendwie näher als die Christen im Babylon.

Am nächsten Sonntag bin ich wieder in der Thomasgemeinde. Es ist schlimmer denn je. Wegen Kälte ist die Hauptkirche geschlossen, heizen wäre zu teuer. Wir treffen uns in einem Nebenraum, dem Café Krause. Dort ist unter der Woche das Obdachlosencafé.

Früher war hier einmal die Taufkapelle, früher, als der Kirchenbetrieb so groß war, dass man eine eigene Räumlichkeit für die Taufen brauchte. Das Café Krause hat Wände, die aussehen, als seien sie vor vierzig Jahren das letzte Mal gestrichen worden. Im Café Krause steht ein trauriger Gummibaum in der einen Ecke und in der anderen eine Yucca-Palme, die nach Erlösung ruft. An den Wänden Fotos von Steinfiguren, die vermutlich Teil der Kirchenfassade sind, und eine Blumenzeichnung. Bilder, die man offenbar aufgehängt hat, damit irgendwas an der Wand hängt. In der Ecke bollert ein Ofen, der den Raum mehr benutzbar als behaglich macht. Alle paar Minuten brummt laut ein Lüfter. Das Ganze wird von einer Neonröhre beleuchtet. In einer Nische steht ein kleiner Altar mit einem hölzernen Kreuz. Davor werden sonntags Stühle aufgestellt, zwei Reihen. Für die Menschen, die hier in der Kälte die Predigt hören wollen, völlig ausreichend. Statt Orgel gibt es E-Piano. Man trifft sich hier wie eine verfolgte Sekte. Ich muss niesen, die Oma mit dem Rollator hält mir ein Taschentuch hin. Ich nehme es dankend.

Der Pastor spricht über den Zweifel. Das ist passend. Er spricht darüber, warum so viele Menschen heute nicht mehr glauben.»Warum sagen wir: Bloß nicht daran glauben.« Er zitiert Habermas, der sagte, das religiöse Erbe sei wichtig, weil sinnstiftend,»ein Steinbruch für Zitate, dafür soll Religion also gut sein«.

Er spricht auch davon, dass es ohne Zweifel keinen echten Glauben geben kann. Auch als Zweifler könne man christliche Taten tun. Taten, die das Evangelium in sich tragen. So wie Václav Havel, der gesagt habe:»Hoffnung ist nicht die Überzeugung, dass es gut ausgeht, sondern, dass es Sinn macht, egal wie es ausgeht.«

Der Pfarrer sagt:»So wie Gott sich über jeden freut, der ehrlich bereut, so freut er sich über jeden Zweifler, der die Hoffnung in sich trägt, dass der Mensch dem Menschen ein Helfer sein soll.« Es gehe um nichts weniger als die tiefsten Dimensionen unserer Existenz, unseren Lebenswandel:»Es gibt eine Hoffnung, die Raum und Zeit übersteigt, die alles umgreift, angefangen von Jesu Tod über unzählige Generationen von Gläubigen und Zweiflern bis hin zu allen, die da noch kommen werden.«

Als wir das letzte Lied zum Geklimper des E-Pianos gesungen haben, habe ich eine Sache gelernt. Wenn es Gott gibt, hält er es aus, dass man an ihm zweifelt. Doch der Zweifel an Gott darf keine Entschuldigung dafür sein, nicht die richtigen Dinge zu tun.

Ich muss an ein Gespräch mit Konstantin von Abendroth denken, dem zweiten Pfarrer des Berlinprojekts, ich hatte ihn einen Tag vor meinem Lunch mit Nowatzky getroffen. Er ist ein stillerer, bedachterer Typ. Er sagte, für ihn sei das Wichtigste, nicht den Glauben vorauszusetzen, sondern den Zweifel. »Wir zwingen uns immer wieder, uns selbst in den Suchmodus zu begeben, die Welt vom Standpunkt des Zweiflers zu sehen.« Vielleicht bin ich auf dem Standpunkt des Zweiflers. Auch wenn ich lieber woanders wäre. Aber ich möchte nicht im Zweifel stecken bleiben. Er soll mich nicht abhalten, die richtigen Dinge zu tun. Ich habe verstanden, dass man seinen Glauben nicht alleine leben kann, man muss dazu unter den richtigen Menschen sein. Es gibt keinen Glauben ohne Gemeinde. Und meine Gemeinde ist hier.

Ich habe ein Ritual für den Morgen. Ich stehe sehr früh auf und begebe mich ins Wohnzimmer. Ich nehme mir ein Gesangbuch und lese einen Psalm, ich bete. Manchmal zünde ich eine Kerze dazu an. Ich bedanke mich, gut durch die Nacht gekommen zu sein, ich bedanke mich, dass ich gesund bin und dass es meiner Familie gut geht. Ich bete für meinen Freund, ich bete für meinen Großvater, ich bete für die Menschen, die ich kenne, die in Not sind. Dann versenke ich mich in den Tag, der bevorsteht. Ich weiß, dass mir einmal jeder lumpige Tag, den ich noch leben darf, wie ein Geschenk vorkommen wird. Wie viel dankbarer muss ich für diese Tage sein, an denen ich mich noch bewegen kann wie ein Reh? Das habe ich aus den vergangenen Monaten gelernt – nichts, was uns selbstverständlich erscheint, ist selbstverständlich. Dann sitze ich und warte, bis ich mich bereit fühle, in den Tag zu gehen. Das morgendliche Gebet habe ich mir aus dem Kloster erhalten. Einen Start in den Tag zu haben, eine Zeit, die nur mir und Gott gehört. Das sind die Minuten, in denen ich ihm am nächsten komme. Dem Gefühl, es gebe jemanden, der auf mich aufpasst, der mich führt, der einen Weg für mich hat. Der allem einen Sinn gibt. Allem, was war, allem, was kommt.

Nach meiner Heimkehr aus dem Kloster bin ich umso öfter in der Kirche. Ich freue mich auf die Psalmen, auf die Menschen, auf Lieder der Orgel. Mit den Predigten kann ich noch immer nicht viel anfangen. Sie wirken auf mich, als würde dort über die Ferne von Gott gesprochen, als würden wir uns ständig dafür entschuldigen müssen, dass wir uns Gott nicht öffnen. Dabei versuche ich doch ständig, Gott in mein Leben zu lassen, alle Türen weit geöffnet. Willkommensdrink steht bereit.

Und doch bin ich mir sicher, dass ich hier genau richtig bin, hier in dieser zu kleinen Gemeinde in der zu großen

Kirche, weil sie genauso verloren ist, wie ich es bin. Wenn ich zwischen diesen Menschen bin, komme ich mir fast vor wie ein richtiger Christ. Ich fühle mich manchmal sogar wie ein super Christ. Es ist anders als unter all den hippen Leuten, die im Gottesdienst des Berlinprojekts waren. Dort waren alle in fabelhaftem Zustand, so sahen sie jedenfalls aus. Die Thomasgemeinde tut meiner persönlichen Eitelkeit wesentlich besser, hier fühle ich mich dynamisch und progressiv. Vor allem, weil ich hier einer der Jüngsten bin. Es gibt nicht mehr viele Orte, wo das so ist. Die Pfarrerin hat mir sogar einmal gesagt, sie wundere sich, was »einer wie ich« im Gottesdienst machen würde. Ha! Einer wie ich! Ich weiß, dass es reine Eitelkeit ist. Aber gerade will ich nicht wählerisch sein bei den Dingen, die mir gute Gefühle verschaffen. Zur Not nehme ich auch schlechte gute Gefühle.

Nach dem Gottesdienst gibt es in einem Seitenschiff der Kirche stets das »Gottesdienstnachgespräch«. Wir sitzen bei Keksen und Kaffee beieinander, wenn meine jüngste Tochter dabei ist, will sie nämlich immer Kekse haben. Manchmal denke ich, Kirche ist für sie vor allem ein Ort, wo es Kekse gibt. Sind denn nicht sogar die Hostien, die ihr Papa beim Abendmahl isst, eine Art Kekse?

Bei einem der Gottesdienstnachgespräche fragt mich Marie-Louise, ob ich nicht Lust hätte, mich einmal mit ihr zu treffen, um über die Öffentlichkeitsarbeit der Gemeinde zu sprechen. »Stichwort Thomasbote«. Könnte das wohl meine Aufgabe sein, mit der ich mich in die Gemeinde einbringen könnte? Die Öffentlichkeitsarbeit? Der Rufer, der die Leute in die Kirche führt?

Der Thomasbote ist das Gemeindeblatt. Der Thomasbote liegt in Bäckereien und anderen Ladengeschäften aus. Im Thomasboten stehen die Termine, etwa wann der Chor probt, es finden sich auch die wichtigsten Adressen darin, wie die der Diakonie-Sozialstation. Und natürlich die Gottesdienste. Darüber hinaus wird von den Gemeindeaktivitäten erzählt. Der Thomasbote besteht aus gehefteten DIN-A4-Seiten, hat ein weinrotes Cover, auf dem stets ein Bild der Thomaskirche zu sehen ist. Ich habe mir noch nie über den Thomasboten Gedanken gemacht. Er war für mich ein typischer Gemeindebrief, wie man so viele sieht. Sie liegen irgendwo aus und zeigen, dass es die Gemeinde tatsächlich noch gibt. Es gibt bestimmt auch ältere Menschen, denen dieser Thomasbote sehr wichtig ist, weil sie damit irgendwie am Gemeindeleben teilhaben können. Der Thomasbote allerdings hat ein Problem, klärt mich Marie-Louise auf: Immer weniger lesen den Gemeindebrief. Das Öffentlichkeitsorgan meiner Gemeinde findet unter Ausschluss der Öffentlichkeit statt.

Deswegen will Marie-Luise mit mir reden. Ich bin vielleicht als Christ unterdurchschnittlich, aber von Öffentlichkeitsarbeit sollte ich etwas verstehen. Immerhin ist das mein Job. Manchmal inszeniere ich Produkte, die kein Mensch wirklich braucht und die ziemlich teuer sind. Da sollte es doch ein Leichtes sein, das Christentum in Szene zu setzen, das fast kostenlos ist und jeder gut brauchen kann.

Wir verabreden uns zu einem Gespräch am Samstagvormittag. Wir treffen uns an der Kirche. Marie-Luise sagt: Komm, wir gehen zu den anderen. Den anderen? Welche anderen? Ich folge ihr über die Straße. Wir gehen in den Hof des Gemeindehauses. Das Gemeindehaus ist ein Sechzigerjahre-Bau, den man noch verschlimmern konnte, indem man ihn mit einer Wärmedämmungsfassade umbaute und anschließend rosabraun anstrich. Im Hof, gleich neben der Mülltonnen-Box, ist ein Klapptisch aufgestellt. Dort sitzen sie alle. Der Gemeinderat, die Gemeinderätin, der Pfarrer und die Pfarrerin. Es stehen Kaffee und Becher mit dem Kirchentags-Logo auf dem Tisch. Alle sehen mich freundlich an. Sie haben mich erwartet.

Unsere Pfarrerin ist eine Frau in ihren 60ern, bei der alle Falten in ihrem Gesicht durch das Lächeln zu kommen scheinen. Sie scheint ein Mensch zu sein, der mit sonnigem Gemüt alles weglächeln kann, was an Problemen ansteht, vielleicht ist sie deshalb ganz richtig bei St. Thomas. Sie hat hier also viel zu lächeln. Die Thomasgemeinde hat noch 1400 Mitglieder. Das ist etwas mehr als ein Prozent ihrer ursprünglichen Stärke, als sie eine der größten protestantischen Gemeinden der Welt war. Heute ist sie eine Kleingemeinde. Wenn man 5000 bis 6000 Christen beisammen hat, hat man gemeindemäßig etwas zu melden. Die Thomasgemeinde aber liegt nun unterhalb der Wahrnehmungsschwelle. Sie existiert nur noch, weil die Evangelische Kirche eben nicht McKinsey ist. Und wo sie wie McKinsey sein will, ist sie langsam. Hier werden auch unwirtschaftliche Abteilungen lange mitgeschleift: Ein Gottesdienst, bei dem nur eine Handvoll Leute auftaucht und den man auch genauso vor leeren Stühlen halten könnte. Ein Stellenplan, der eigentlich eine Katastrophe ist. Die Pfarrerin hat eine halbe Stelle, die einzige Vollzeitkraft in der Gemeinde ist der Kantor. In anderen Gemeinden ist der Gemeindekirchenrat, also die Laien-Institution, die der Gemeinde vorsteht, ein Gremium, in dem die Leute sich gerne wichtigmachen. Bei St. Thomas ist es ein Verein von Alltagshelden. Und vielleicht gehöre ich bald dazu.

Marie-Luise ergreift das Wort. Sie freue sich sehr, dass es nun nach langer Anlaufzeit endlich gelungen sei, einen Termin mit dem jungen Mann zu machen, den ja manche schon aus dem Gottesdienst kennen. Ich denke mir: Das ist wohl jetzt so, wenn du regelmäßig im Gottesdient bist, dann empfiehlst du dich für Höheres. Es sei ja nun so, dass es im Grunde keine Öffentlichkeitsarbeit gebe, jeder irgendetwas macht und die Ergebnisse unbefriedigend sind. Nun sei es an der Zeit, alles auf den Prüfstand zu stellen und sich vielleicht auch von dem einen oder anderen zu trennen.

Nun fällt mir auf, dass ich mir ja noch gar keine Gedanken über die Öffentlichkeitsarbeit gemacht habe. Aber nun ruhen all die Augenpaare auf mir, und deswegen fange ich an zu reden. Ich sage, dass ich glaube, dass die Gemeinde tolle Aktivitäten mache, sehr attraktive Veranstaltungen. Und dass es bestimmt möglich sei, das noch bekannter zu machen. Ich sage, dass es ein gängiges Problem sei, das nicht nur St. Thomas habe. Man organisiere etwas, kümmere sich um hundert Sachen, aber am Schluss vergesse man, es wirklich bekannt zu machen. Viele Leute, die sich dafür interessieren könnten, würden nicht davon erfahren. Wenn man etwas mache, was keiner sehe, dann sei es aber so, als habe man es nicht gemacht. Okay, Gott sähe es, aber Gott sähe ja auch alles. Wenn man aber nur Gott als Zuschauer habe, sei das etwas zu wenig. Es sollten noch ein paar andere im Publikum sein.

Ich habe den Verdacht, dass Marie-Luise die heimliche Chefin dieser Angelegenheit ist. Sie ergreift immer wieder das Wort und ist hier diejenige, die vor allem Ergebnisse sehen will. Sie hat einen alternativ-geschmackvollen Kleidungsstil und scheint es gewohnt zu sein, in Netzwerken zu arbeiten und vor Leuten zu sprechen. Ich bin mir sicher, sie hat noch einen anderen Job als Führungskraft und hält die Gemeinde nur nebenbei über Wasser. Sie schaut mich fest an und sagt:»Das sind ja alles gute Ideen – und wärst du denn auch bereit, dich da persönlich einzubringen?« Ich hatte es geahnt.

Ich kann schlecht»nein« sagen. Also sage ich:»Klar, ich kann mich schon darum kümmern, einen besseren Presseverteiler einzurichten, warum nicht.«

Marie-Luise findet das toll.»Toll«, sagt sie. Endlich habe man jemanden, der eine professionelle Öffentlichkeitsarbeit aufbauen wird. Daran fehle es ja vor allen Dingen. An Professionalität. Sie sagt:»Ich finde, wir haben jetzt genug Beratung gehabt, nun müssen wir die Dinge auch umsetzen. Sie fände es gut, wenn ich ein Konzept für die Öffentlichkeitsarbeit schreiben könnte, für die nächste Sitzung des Gemeinderates. Dort dürfte ruhig alles auf den Prüfstand. Brauchen wir denn noch einen Thomasboten? Wer liest den überhaupt? Reicht nicht auch ein kleines Infoblatt mit den wichtigen

Terminen? Der Pastor, der neben mir auf der Bank sitzt und die ganze Zeit versonnen in seinem Kaffee gerührt hat, sagt munter: »Und was ist mit Facebook? Die Heilig-Geist-Gemeinde hat einen sehr guten Facebook-Auftritt. Das sollten wir doch auch haben, unsere Gemeindemitglieder sind doch bestimmt auch auf Facebook!« – »Und Twitter«, fällt nun die Leiterin der Kinderarbeit in der Gemeinde ein: »Wir könnten auch twittern!« Warum machen wir nicht gleich Snapchat und Tinder, frage ich mich im Stillen. Aber dann höre ich mich ganz anders sprechen. Ich sage: »Auf jeden Fall muss das Ziel sein, dass die Menschen der Gemeinde, die sich für uns interessieren könnten, regelmäßig von uns erfahren. Wir müssen sie immer wieder mit Informationen ansteuern, es darf nicht sein, dass man nur durch Zufall von einer Veranstaltung von uns erfährt.« Warum sage ich denn jetzt schon »uns«? Ich rede schon wieder viel mehr, als gut ist, ich sollte einfach mal den Mund halten: »Unser größter Vorteil ist ja, dass wir eine riesengroße, schöne Kirche haben. Wir sehen viel größer aus, als wir sind!«

Die Gemeinderatssitzung ist an einem Mittwochabend, es ist gar nicht so leicht für mich, dort pünktlich zu sein, zuerst bin ich noch auf einer Shoperöffnung geladen. Von der Champagner-Erfahrung lande ich direkt im Ambiente protestantischer Nüchternheit. Der Gemeindesaal ist von einer Schmucklosigkeit, die schon fast faszinierend ist. Die Wände sind ocker getüncht. Es gibt ein Bücherregal, die Buchrücken zeigen, dass jeweils eine ganze Anzahl der betreffenden Werke hier bereitsteht. Es gibt nicht einmal ein Kreuz an der Wand. Neben der Tür ein Kleiderständer, in der Mitte ein Tisch. Es ist ein Kulissentisch. Ein schönes, etwas angeschrammtes Exemplar. Auf dem Tisch steht eine massive Holzschale mit einer Kerze, so dick wie mein Oberschenkel. Dann stehen auf dem Tisch eine Schale Erdnüsse, Kräcker und Tuc-Kekse sowie ein paar Flaschen Wasser. Um den Tisch herum hat sich der Gemeindekirchenrat gruppiert. Die Laienvertretung der Gemeinde, man kann hier hineingewählt werden. Es sind Frauen und Männer in ihren 50ern und 60ern.

Ich werfe einen Blick auf das Sitzungspapier. »TOP null: Besuch von Tillmann Prüfer.« Und dann folgen tatsächlich 21 weitere Tagesordnungspunkte. Es geht um die Beheizung der Kirche und die Akustikanlage, die Organisation des Obdachlosencafés, die nächste Führung über den Friedhof. Alles muss gewissenhaft besprochen, erörtert, abgewogen und beschlossen werden. Und vieles sieht so aus, als würde dann nur noch mehr Arbeit folgen. Wer nimmt so etwas freiwillig auf sich? Warum?

Der Pfarrer spricht die Andacht, er liest die erste Konfession des Jeremia vor. Gegen Ende der Lesung bekommt seine Stimme fast einen drohenden Ton: »Denn so viel Städte, so viel Götter hast du, Juda; und so viele Gassen es in Jerusalem gibt, so viele Schandaltäre habt ihr aufgerichtet, um dem Baal zu opfern. Du aber bitte nicht für dies Volk und bringe für sie kein Flehen noch Gebet vor mich; denn ich will sie nicht hören, wenn sie zu mir schreien in ihrer Not. Was macht mein geliebtes Volk in meinem Hause? Sie treiben lauter Bosheit und meinen, Gelübde und heiliges Opferfleisch könnten die Schuld von ihnen nehmen; und wenn sie übel tun, sind sie guter Dinge darüber.«

Er liest so, als schalle die Stimme Jeremias' selbst aus ihm hervor. Als sei er, der Pfarrer, gar nicht anwesend, sondern nur ein Medium, durch das sich ein längst vergangener Prophet noch einmal an das Volk Israel wendet. Ich hatte das mit dem biblischen Volk Israel nie so ganz verstanden. Sie sind das auserwählte Volk, aber gleichzeitig müssen sie dafür ganz schön einstecken und werden dauernd beschimpft. Moses hat sie einmal aus der Gefangenschaft in Ägypten geholt. Das war nett. Dann aber war Gott schon wieder sehr unzufrieden mit den Israeliten und ließ sie erst einmal 40 Jahre durch die Wüste irren. 40 Jahre, also eine ganze DDR lang. Es muss komisch sein, so von Gott geliebt zu werden. Den Amerikanern und Russen lässt Gott viel mehr durchgehen, finde ich.

Alle am Tisch sind in ihre gefalteten Hände vertieft. Was sind wohl ihre Gedanken? Denken sie über den Text nach, über irgendetwas anderes? Oder wie? Ich kann niemanden fragen. Aber in diesem Augenblick entschließe ich mich, möglichst bald nach Israel zu reisen.

Schließlich rede ich, fange an, die guten Seiten des Thomasboten zu loben und die problematischen zu problematisieren. Ich rede vom Wandel der Mediengewohnheiten, von der Nutzung des Netzes und der Wichtigkeit von PR. Ich tue das in der gleichen Gelassenheit, in der ich auch im Verlag Konzepte für Neuerungen oder Umwandlungen präsentiere. Hier an diesem Tisch mit salzigen Brösel-Keksen scheinen meine beiden Welten zusammenzuwachsen. Ich fühle mich am richtigen Ort. Mit der richtigen Botschaft zur richtigen Zeit: Jesus ist in gewissen Dimensionen auch so etwas wie ein Schokoriegel, den man bekannt machen möchte. Als ich den Raum verlasse, habe ich die Zusicherung gegeben, mich mit der Pressearbeit weiter zu beschäftigen. Ich habe nun also eine Aufgabe im Team Thomasgemeinde. Jetzt bin ich dabei. Ich bin »aktiv in der Gemeinde«. Ich kann es gar nicht glauben.

Israel. Komisch. Ich wusste immer, dass ich in dieses Land einmal reisen möchte. Vielleicht hatte ich im Religionsunterricht zu viel zugehört. Es war für mich als Kind der Ort, an dem Wunder geschehen. Wo die Krippe von Betlehem stand. Das Ensemble aus Stall, heiliger Familie, Ochs und Esel und all den Besuchern in der heiligen Nacht erschien mir als Kind wie der Nabel der Welt. Dort wollte ich hin. Dort, wo der wundersame See Genezareth ist und das geheimnisvolle Tote Meer. Wo Dornbüsche in Flammen stehen, ohne zu verbrennen, wo es Manna in der Wüste regnet. Und wo natürlich die Hauptstadt des Christentums liegt: Jerusalem. Ich habe einmal die Kirche meines Urgroßvaters in Tansania besucht. An einer Wand prangte ein Bild der Heiligen Stadt. Es war der Sehnsuchtsort meines Urgroßvaters. Er lehrte in einer kleinen weißen Kirche an einem Berghang am Kilimandscharo, aber er hätte wohl alles dafür gegeben, einmal Jerusalem zu sehen. Aber für die damalige Zeit war das eine unmögliche Reise. Von Deutsch-Ostafrika nach Jerusalem. Es gab ja noch keine Verkehrsflugzeuge, man reiste mit Dampfer und Zug. Heute hingegen mit Easyjet. Immer wieder hatten meine Frau und ich geplant, dort hinzufahren. Meine Frau war schon einmal da gewesen und hatte mir begeistert von dieser verrückten Stadt erzählt, wo ständig die verschiedenen Religionen und Konfessionen durch die Gassen strömen. Es ist nie etwas daraus geworden, zuletzt hatte meines Freundes Krankheit alle Pläne über den Haufen geworfen. Nun möchte ich aber ganz bestimmt fliegen. Denn nun erwarte ich mir noch viel mehr von Israel. Ich möchte dorthin, wo mein Glauben geboren ist. Wo sich die Geschichte abgespielt hat, mit der ich selbst jetzt so ringe. Ich erwarte dort eine Antwort.

Ich gehe in den Gottesdienst, ich singe, ich sitze mit den Menschen meiner Gemeinde zusammen und esse Kekse. Ich bespreche Projekte. Ich mache Dinge, die mir vor Kurzem noch völlig fremd waren. Ich engagiere mich im uncoolsten Ortsverein des uncoolsten Vereins der Welt. Und trotzdem fühle ich mich nicht so, als wäre ich irgendwo angekommen. Manchmal fühle ich mich wohl. Dann wieder wie ein Hochstapler, der versucht, einen Christen zu imitieren. In jedem Fall führe ich ein Doppelleben. Denn Tillmann, der Christ, hat nichts mit Tillmann, dem Style-Director, zu tun. Der Glaube erscheint mir wie ein seltsames Hobby, über das man nicht gerne spricht. Wenn es einen Ort gibt, wo ich Gedanken und Gefühlen in mir auf den Grund gehen kann, dann Israel, meine ich.

Ich rufe meine Mutter an und frage, ob sie und mein Vater eine Woche auf unsere Kinder aufpassen könnten, und buche Tickets nach Tel Aviv. Es ist also so einfach. Meine Mutter teilt mir am Telefon noch eine Neuigkeit mit: Mein Bruder Benjamin, der mehr als zehn Jahre mit seiner Familie in Kambodscha gelebt hat, kommt zurück nach Deutschland. Er hat jahrelang darum ringen müssen, mit der ganzen Familie einreisen zu dürfen. Nun werden sie endlich zurückkommen. Für meine Eltern kehrt der verlorene Sohn heim. Und er hat eine weitere Neuigkeit für sie gehabt. Er will sich jetzt taufen lassen, im Alter von 39 Jahren. Sie sagen, er habe in Kambodscha angefangen zu beten. Er habe sich geschworen, wenn alles gut würde und er mit seiner Familie heimkehren könne, dann werde er sich taufen lassen. Nun sei es so weit.

Ich freue mich, und mich irritiert es auch. Da ringe ich monatelang mit meinem Glauben als getaufter Christ – und Benjamin, der nie nur einen Tropfen Weihwasser auf dem Kopf hatte, fängt einfach damit an.

Als ich wieder zum Gottesdienst in die Thomaskirche komme, entdecke ich ein neues Gesicht. Und zwar am Altar. Es gibt einen neuen Vikar, er heißt Alexander. Er ist wohl um die 30 Jahre alt. Ein kleiner Mann mit einem Gesicht, dem ein kurzer Bart Struktur verleiht, der aber eine Stimme hat, die bis in den letzten Winkel des Kirchenraums reicht.

Für die Gemeinde ist es ein großes Glück, dass er nun dabei ist. Er wird die Pfarrerin entlasten, und dann soll er, tja, auch neuen Schwung bringen. Das wollte ich doch eigentlich. Es ist wohl mein Schicksal. Kaum habe ich einen Plan gefasst, kommt schon jemand und ist besser darin, fühlt sich noch wohler in seiner Haut und versaut mir die ganze Sache. Das fing schon in meiner Jugend an. Ich war verliebt in ein Mädchen namens Tatjana. Tatjana war ein Gothic, also eine der blassen Gestalten, die sich noch blasser schminkten, sich schwarz kleideten und extrem deprimierende Musik hörten. Außerdem hatte sie Lust auf allerlei okkultes Zeug. Natürlich war Tatjana auch ständig deprimiert. Ich fand Tatjana sofort toll und versuchte, auch nur noch in dunklen Klamotten herumzulaufen und deprimiert zu sein. Als Jugendlicher hat man ja ohnehin so seine Probleme, und es fiel mir nicht schwer, mich entsprechend hineinzusteigern. Stets wenn ich Tatjana sah, war ich so angefüllt mir Weltschmerz, dass ich schon die gesamte Apokalypse in mir hatte. Wir verstanden uns prächtig. Leider nicht prächtig genug, denn bald lernte sie Rüdiger kennen. Rüdiger hatte noch viel mehr Probleme als ich. Rüdiger hatte sogar Selbstmordgedanken. In punkto Dysfunktionalität überrundete mich Rüdiger mühelos. Er schaffte einfach gar nichts, schmiss die Schule und verbrachte die Tage damit, verzweifelt zu sein. Tatjana war wie magnetisch von ihm angezogen. Und ich mit meinen lachhaften Schülerproblemen spielte keine Rolle mehr.

Und nun also Alexander. Er wird mir die Show stehlen. Er ist jünger als ich, bibelfester und wahrscheinlich auch intelligenter als ich. Und er hat den Vorteil eines unverbrüchlichen Glaubens. Wo ich schon froh bin, wenn einmal ein inneres Ferngespräch mit Gott zustande kommt, hat Alexander eine Standleitung.

Alexander hält seine erste Predigt. Er hat eine Predigerstimme. Er spricht das Vaterunser, als wäre es ein Monolog in einer Theateraufführung. Er betet es nicht herunter, er betont »DEIN ist das Reich und die KRAFT und die HERR-LICHKEIT in EWIGKEIT!!! AMEN!!!«, als wolle er vor Gott für eine Rolle vorsprechen. Alexander hält eine Predigt über eine Stelle im Markusevangelium. Jesus heilt einen Besessenen, er treibt die Dämonen aus. Ein Junge hat Schaum vor dem Mund und windet sich auf dem Boden. Doch Jesus befiehlt dem bösen Geist, sich auf- und davonzumachen.

Alexander spricht davon, dass es auch heute noch Besessenheit gebe. Man sei besessen von Ideen, besessen von Geld, besessen von Süchten. Besessen von Selbstsucht. Besessen von Ausländerhass. Besessenheit sei ein schrecklicher Zustand. Der Besessene leide. Denn der Besessene sei fern von Gott. Alexander sagt, er habe einen Liedtext der Band »We Butter the Bread with Butter« gefunden, der ganz gut ausdrücke, was Besessenheit sei. Ich horche auf: Songtexte von der Kanzel? Ist das wahr? Und was ist das für eine Band?

Und dann legt Alexander auch schon los. Der Song heiße »Exorzist« sagt er. Er zitiert:

Ich zehre mich nach deinem Fleisch
Spürst du schon, wie es zerreißt
Nehm dein Herz, dein Gesicht
Spürst du, wie es zerbricht
Ich bin dir nah
Die Gefahr
Bin ein Kampf ohne Licht
Komm, lass mich geh´n, lass mich los
Ich kann dir nicht widersteh´n
Ich kann nicht mehr, bitte lass mich frei
Ich spür nichts mehr in mir
Exorzist
Ich spuck dir in die Seele rein
Ich zieh dich in die Dunkelheit
Im Herz pulsiert der schwarze Saft
Ich saug aus dir die Lebenskraft
Ich ziehe ein in deine Haut
Mach auf die Tür und komm mit mir

Das sei doch sehr anschaulich, schließt Alexander seine Predigt.

In der Kirche herrscht Schockstarre. »Schwarzer Saft«? Nach »Fleisch zehren«? Das ist hier wohl nicht oft gepredigt worden. Langsam beginnt Alexander mir zu gefallen.

Zumindest, bis mich eine Rundmail der Gemeinde erreicht. Sie lädt ein zur Diskussion über die Zukunft der Öffentlichkeitsarbeit in der Gemeinde. Alexander, der neue Vikar, habe sich freundlicherweise dazu bereit erklärt, sich künftig federführend darum zu kümmern. Jeder sei eingeladen mitzumachen. Ich bin nicht mehr »TOP null«, der junge, gut aussehende Typ, der der Thomasgemeinde erklärt, wie man in Zukunft kommuniziert. Ich bin nun nur noch herzlich eingeladen, dem neuen Vikar zu assistieren. Dem Mann der sagt: »Ich ziehe ein in deine Haut/ Mach auf die Tür und komm mit mir.«

Wenn es Gott gibt, hat er eine besondere Art von Humor.

Wenn man in Tel Aviv ist, wird einem schnell klar, warum das hier als das Gelobte Land gilt. Zu Hause rollen die Regenwolken über die Stadt, und ich habe mich im Flugzeug noch gefragt, ob es nicht besser gewesen wäre, den Hibiskus auf dem Balkon in Sicherheit zu bringen, damit ihm vor Kälte nicht die Blätter abfallen. Hier in Tel Aviv sind es derweil 26 Grad. Man kann sogar am Strand liegen. Es ist ein Strand, wo man nicht für jeden Quadratzentimeter Gebühren zahlt. Niemand kommt, um einem eine geschmacksfreie aufgeschnittene Kokosnuss oder eine Sonnenbrille feilzubieten. Es gibt keine Bananenboote und keine Dröhnmusik, es ist der Strand von Jaffa. Jaffa ist der kleine Nachbar von Tel Aviv. Während Tel Aviv noch keine hundert Jahre alt ist, ist Jaffa einer der ältesten Fischerorte des Landes.

Man kann hier in jedes Straßenlokal einkehren und bekommt den besten Hummus, den man als Nordeuropäer je probiert hat. Wenn man als Tourist durch die engen Marktstraßen irrt, fragen Menschen, was man suche. Aus Höflichkeit, nicht aus Geschäftsinteresse. Es ist nichts aufdringlich in dieser Stadt. Während wir im lauen Abendwind am Hafen entlangspazieren, lassen sich hier Brautpaare fotografieren, im goldenen, auf dem Wasser glitzernden Licht. Es scheint ein Ort zu sein, an dem alles richtig ist. Und natürlich ist er auch biblisch. Im Hafen von Jaffa ist der Prophet Jona aufgebrochen, um ein Schiff nach Spanien zu nehmen, anstatt, wie von Gott befohlen, nach Ninive aufzubrechen, um der treulosen Stadt ihre Zerstörung anzukündigen. Das Schiff geriet in Sturm, weil Gott mächtig sauer war. In ihrer Verzweiflung warfen die Seeleute Jona über Bord, um Gott zu besänftigen. Da war die See augenblicklich still. Es heißt weiter:

»Aber der HERR ließ einen großen Fisch kommen, Jona zu verschlingen. Und Jona war im Leibe des Fisches drei Tage und drei Nächte. Und Jona betete zu dem HERRN, seinem Gott, im Leibe des Fisches und sprach: ›Ich rief zu dem HERRN in meiner Angst, und er antwortete mir. Ich schrie aus dem Rachen des Todes, und du hörtest meine Stimme. Du warfst mich in die Tiefe, mitten ins Meer, dass die Fluten mich umgaben. Alle deine Wogen und Wellen gingen über mich, dass ich dachte, ich wäre von deinen Augen verstoßen, ich würde deinen heiligen Tempel nicht mehr sehen.‹« Jona gelobt, sich an sein Gelübde zu halten und alles zu tun, was der Herr verlangt. Und so endet die Geschichte: »Und der HERR sprach zu dem Fisch, und der spie Jona aus ans Land.« Würde hier im Hintergrund eines Hochzeitsfotos ein Riesenfisch aus dem Meer auftauchen, an den Strand geschwemmt werden und einen verwirrten Propheten ausspucken, man würde den Mann wohl fragen, wohin er wolle und ob man helfen könne.

Am nächsten Tag fahren meine Frau und ich nach Jerusalem mit dem Bus. Egal, was man in Israel tut, man tut es immer in Begleitung von Soldaten. Männer und Frauen unterliegen hier der Wehrpflicht, Frauen zwei Jahre, Männer drei Jahre. Man begegnet also ständig jemandem in Uniform. Man sieht junge Menschen mit einer Selbstverständlichkeit mit automatischen Waffen herumschlendern, wie in Berlin die Leute mit einer Bierflasche durch die Straßen laufen. Israel ist ein Land im Konflikt mit fast allen Nachbarn und mit sich selbst. Mancher der arabischen Staaten würde über Israel hinwegrollen, wenn er nur könnte, und überall im Land, in den besetzten Gebieten grollt der Widerstand, der sich mal mit Einzelattacken oder Autobomben, mal mit Raketenangriffen, mal mit gewalttätigen Massendemonstrationen äußert. Es gehört zum Selbstverständnis dieses Landes, dass es jederzeit überall auf jeden schießen kann. Ob mit dem Militär oder dem Geheimdienst. Trotzdem kommen mir die Sicherheitskräfte nicht bedrohlich vor. Viel weniger einschüchternd als das Sicherheitspersonal in den USA etwa.

Von Tel Aviv nach Jerusalem ist es nicht einmal eine Stunde mit dem Bus. Wenn man aus dem Fenster guckt,

dann erscheint einem das Land erst einmal karg. Zedern-
wälder, roter Sand und Gestrüpp. Straßenwerbung, Bauhöfe,
Fabriken, Lagerhallen. Stommasten. Man wechselt zwischen
den Städten wie in Berlin zwischen Stadtteilen.
Auf der Zufahrtsstraße nach Jerusalem kommt der Bus
plötzlich zum Stehen. Der Busfahrer schimpft, die Fahrgäste
schimpfen. Die Türen gehen auf, es geht offenbar nicht weiter, wir wissen nicht, warum. Also zerren wir unsere Koffer
aus dem Bauch des Busses und machen uns auf laut kla-
ckernden Trolleys auf den Weg in die Heilige Stadt. Ich frage
mich, wie es wohl gewesen wäre, wäre Jesus nicht auf einem
Esel, sondern auf einem Trolley eingeritten. Wäre er auch
mit Palmblättern empfangen worden?
Die anderen Passagiere sind ärgerlich, dass sie laufen
müssen, auch der Busfahrer ist ärgerlich. Ich merke, dass
es deutlich kälter ist als in Tel Aviv. Und es stinkt. Es stinkt
nach Kuhjauche. Es kann nicht der normale Geruch im West-
teil von Jerusalem sein, denn ich sehe Passanten, die sich
ihre Schals vor das Gesicht halten. Irgendwer hat Jauche
ausgekippt. Was macht Jauche auf einer Hauptstraße? Gab
es einen Unfall? Ist deswegen hier so ein Stau, weil ein Tank-
wagen mit Biodünger ausgelaufen ist? Dann sehen wir noch
mehr Wut. Ich höre Gebrüll und sehe viele erboste junge
Männer. Sie alle tragen breitkrempige schwarze Hüte und
Schläfenlocken, es sind orthodoxe Juden. Hunderte. Ich
habe orthodoxe Juden schon zuvor gesehen. In New York
und Paris, nie in Deutschland. Ich finde ihr Äußeres beeindruckend. Menschen, die genau zu wissen scheinen, für was
sie stehen, und dies auch nach außen tragen. Ich meine, es
gehört viel Mut dazu, sich jeden Tag einer Jahrhundert
währenden Tradition entsprechend zu kleiden. Hunderte
dieser Menschen zu sehen, ist ein umwerfender Anblick. Sie
belagern den Straßenrand, die Kreuzung, eine Fußgänger-
brücke, die über die Straße führt. Als habe sich ein Schwarm
Raben auf die Stadt gesenkt. Wasserwerfer sind aufgefahren
und bahnen sich langsam ihren Weg durch das Getümmel.

Polizisten versuchen irgendetwas zu sichern. Irgendwo muss es Gerangel geben, Sanitäter mit Notfallkoffern rauschen auf Motorrädern heran. Ich frage einen Mann mit Kippa, der das Schauspiel mit verschränkten Armen verfolgt, was hier denn los sei. »They're crazy«, sagt er, verrückt. Er schüttelt den Kopf. Ich möchte wissen, ob er eine Ahnung hat, wogegen hier protestiert wird. Er mustert mich. »This is a country with some problems!« Mehr, als dass sein Land Probleme hat, will er dem Touristen mit seinem Rollkoffer nicht sagen, er fragt, woher ich komme. »Germany«. Er wendet sich ab, »Welcome to Jerusalem«, schließt er mit der größtmöglichen Abschätzigkeit. Erst da fällt mir auf, dass es ja gerade 80 Jahre her sind, dass meine Vorfahren sich darangemacht haben, seine Vorfahren erst zu entrechten, dann zu enteignen und schließlich systematisch zu vernichten. Seltsam, dass ich mir erst jetzt Gedanken darüber mache, dass mich hier nicht jeder einfach so mit meinem Rollkoffer willkommen heißen könnte.

Später erfahren wir, dass die jungen Orthodoxen gegen die Wehrpflicht protestieren. Alle jungen Israelis müssen zur Armee. Nur für die Schüler der Talmud-Schulen gab es bislang Ausnahmen. Sie lehnen den Dienst an der Waffe ab. Nun hat die Regierung beschlossen, dies nicht mehr hinzunehmen. Zwei Orthodoxe, die verweigert hatten, zur Musterung anzutreten, wurden 20 Tage in Haft genommen. Und nun stehen die Orthodoxen Kopf. Sie blockieren die Kreuzungen der großen Städte und haben den »Tag des Zorns« ausgerufen. Man ist also noch nicht einmal richtig in der Stadt angekommen und schon mittendrin in ihren Widersprüchen. Die traditionellen Juden könnten auf diesem Fleck Erde nicht überleben, würden sie nicht von einem waffenstarrenden Staat geschützt. Gleichzeitig weigern sie sich aber nicht nur, an der Verteidigung mitzuwirken. Sie erkennen den Staat Israel nicht einmal an. Gemäß der Schriften könne es nämlich nur einen Staat Israel geben, nachdem der Messias eingetroffen wäre. Der Messias aber lässt auf sich warten. Bis dahin müssen sie aushalten und dulden. Das ist nur eines der vielen Spannungsverhältnisse, in denen das Land lebt. Israel ist das einzige Land der Erde, in dem Juden die Mehrheit bilden. In Jerusalem, der Heiligen Stadt, sind es immerhin 40 Prozent. Dazu kommen 40 Prozent Muslime und 20 Prozent Christen. Drei Religionen, die sich alle auf den gleichen Urvater, Abraham, berufen und teilweise die gleichen Schriften teilen. Und trotzdem beispiellos zerstritten sind. Weder die Juden noch die Muslime erkennen Christus als den Messias an. Im Islam ist er immerhin ein Prophet. Für die Christen spielt Mohammed hingegen keine Rolle. Und er hat natürlich auch nicht von Jerusalem gemeinsam mit dem Erzengel Gabriel seine nächtliche Himmelfahrt angetreten. Für den Islam, der immerhin statuiert,»Es gibt nur einen Gott«, ist es unannehmbar, dass die Christen von einer Dreifaltigkeit ausgehen. Dass Christus Gott gleich sein soll, kann nur als Lästerung aufgefasst werden. Es sind also drei Religionen, die, wenn sie ihre Ausschließlichkeit ernst nehmen, allen Grund der Welt haben, aufeinander einzuprügeln. Es ist ein Konflikt, der überall auf der Welt herrscht. Aber hier in Jerusalem meint man, ihn in der Luft zu spüren wie die ausgegossene Jauche.

West-Jerusalem ist da, wo meine Frau und ich es durchschreiten, in etwa so anheimelnd wie Eisenach. Ineinandergewundene Straßen, schlechte Bürgersteige und blinde Schaufenster, kaum Grün. Einzelne Straßenzüge sind als Fußgängerzonen hergerichtet, über einer ist sogar ein Netz von bunten Regenschirmen gespannt. Es gibt Läden mit Smoothies. Vor dem Jaffa-Tor eine große Einkaufsmeile mit Irish Pubs und Thai-Food, eine Mall, wie sie auch in Oberhausen stehen könnte. Man kann hier hochpreisige Taschen und Duftkerzen kaufen. Ein Orthodoxer bettelt.»I have a big family!«Ich gebe nichts. Warum gebe ich nichts? Ich finde, er sollte nicht betteln, er sollte arbeiten gehen. Ich habe gelesen, dass die Strenggläubigen im Schnitt acht

Kinder haben. Ich finde, bei so einer Kinderfülle in einem prosperierenden Land sollte ein gesunder Mann arbeiten gehen und seine Familie ernähren, nicht betteln. Erst danach fällt mir auf: Ich habe die Altstadt noch nicht betreten, und schon sind mein protestantischer Glaube und das Judentum in Konflikt geraten. Schon setze ich selbst meine Glaubenssätze gegen die eines anderen. Schon bin ich Teil der Spannung.

Dann erreichen wir die Altstadt. Die Altstadt liegt wie ein Museum eingekeilt zwischen den Zweckbauten der Metropole. Sobald man durch das Jaffator tritt, fällt man in einen Trubel, der aussieht, wie für eine Bibelverfilmung veranstaltet. Die Altstadt ist ein Gewirr aus engen, oft überdachten Korridoren. Man hat eher das Gefühl, durch ein Labyrinth aus Gängen eines alten Gebäudes zu gehen als durch eine Stadt. Es riecht nach Weihrauch und Gewürzen. Obsthändler neben Tuchhändlern, neben Souvenirhändlern, neben Souvenirhändlern, neben Souvenirhändlern. Tatsächlich handeln sie alle, sie laden ein, ihre Auslagen anzusehen, sie schmeicheln, sie hadern, sie feilschen. Sie lärmen. Wie überall auf der Welt ist Differenzierung des Angebots hier nicht Trumpf. Man beklagt sich ja, dass es in westlichen Shoppingmalls immer nur das Gleiche gebe. Dabei ist es nur die Übersetzung des traditionellen Basars. Tausendmal das Vertraute, solange der Vorrat reicht. Mit unseren Rollkoffern holpern wir über grobes Kalksteinpflaster und versuchen entgegenkommenden Karren mit Granatäpfeln auszuweichen. Normalerweise ist es mir unangenehm, mit einem Trolley unterwegs zu sein, denn man mag ja nirgends gleich als Tourist hervorstechen. Hier aber rollt man seinen Koffer nur anderen Touristen über den Fuß. Erst in den Abendstunden, wenn die Busladungen abgezogen sind, erkennt man, dass hier tatsächlich Menschen leben. Es gibt in der Altstadt ein arabisches, ein armenisches, ein jüdisches und ein christliches Viertel. Aber tagsüber ist die Stadt ein globales Allerlei. Trotzdem kann man nicht behaupten, dass sie als Touristenattraktion ausgebaut worden sei. Die einzigen Hinweise auf den Fremdenverkehr sind allenthalben angebrachte Wegweiser in englischer Sprache. Und die Müllräumkommandos sind wahrscheinlich auch vor allem da, um die Stadt in den Augen der Gäste rein zu halten. Ansonsten sieht es in den Straßen aus, als habe sich seit dem Mittelalter nicht viel geändert.

Man kann in der Altstadt von Jerusalem nicht von Straßen im westlichen Sinne sprechen. Nicht nur, dass sie eher Gängen in einem Labyrinth gleichen. Meist sind die Gassen von einem formlosen Hausgemenge überbaut. Es ist nicht festzustellen, wo ein Haus anfängt oder aufhört. Und ob eine Abzweigung in einer der Gassen eine andere Gasse ist oder in einem Patio oder einem Wohnzimmer endet.

Man würde sich ständig verlaufen, stünde nicht allenthalben ein gar nicht mal so freundlicher Polizist oder Militär bereit, um einem zu sagen, wo man gerade nicht hindarf.

Wir bahnen uns den Weg zum Österreichischen Hospiz. Es ist eine Herberge, die zu KUK-Zeiten für die österreichischen Pilger gebaut wurde. Der Charme eines Wiener Hotels mit Kaffeehaus direkt an der Via Dolorosa. Kaiser Franz war hier schon Gast. Und nun wir.

Es wird schon dunkel, als wir in unserem Zimmer einchecken. Wir sind im zweiten Stock, man kann sich auf die breite Balkonbrüstung setzen und die gesamte Altstadt überblicken. Es ist ein Meer von ineinandergeschachtelten Kalksteinquadern mit einfachen Kuppeldächern.

Es ergießt sich direkt vor der Pilgerherberge. Das Hospiz hingegen hat einen prächtigen Garten mit großen Oleandern und baumhohen Kakteen. Eine hohe Mauer schirmt es von der Stadt ab. Jenseits dieser Mauer gibt es keinen grünen Flecken mehr. In der ganzen Altstadt keinen Baum, keinen Platz, keine Sichtachse. Nur Steine, zwischen denen Menschen hausen. Ich sage zu meiner Frau, dass es hier zu Jesu Zeiten ganz ähnlich ausgesehen haben muss.

Ohne die nachts grün beleuchteten Minarette natürlich. Zum Abend erklingt ein Konzert der Klosterglocken und Muezzinrufe. Als wollte jede Seiten demonstrieren, wem die Stadt gehört.

Meine Frau nickt, sie kann noch nicht richtig einschätzen, wie ernst es mir mit dieser Pilgerreise ist. Im Erdgeschoss des Hospizes gibt es eine Kapelle. Man darf sie nur zum Gebet betreten. Ist es Neugierde oder Sinnsuche? Will ich denn wirklich Jesus näherkommen? Und kann mir das gelingen, indem ich einfach dort wandele, wo er seinen Leidensweg ging? Das Österreichische Hospiz liegt direkt an einer Biegung der Via Dolorosa. Von meinem Fenster aus hätte ich Jesus auf seinem Kreuzweg zuwinken können. Aber man weiß natürlich nicht, wo er wirklich langgelaufen ist. Es soll aber gut möglich sein, dass er wirklich da gekreuzigt worden ist, wo heute die Grabes-Kirche steht. Die heutigen Ausmaße hat die Altstadt seit dem Mittelalter. In der Antike soll sich der Felsen, auf dem heute die Kirche steht, außerhalb der Stadtmauern befunden haben. Damit wäre er als Hinrichtungsstätte gut geeignet gewesen. Denn die Urteile wurden unweit der Stadtmauern vollstreckt. Man sollte die Schreie der Delinquenten in der ganzen Stadt hören, wenn ihnen die Nägel durch die Glieder getrieben wurden. Schließlich ging es vor allem um Abschreckung.

Als wir am Abend durch die Gassen schlendern, stehen wir plötzlich vor der Klagemauer. Vielmehr stehen wir vor der Sicherheitsschleuse zur Klagemauer. Männer und Frauen müssen getrennt zur Mauer gehen, wir trennen uns.

Der Platz vor der Westmauer des letzten jüdischen Tempels ist der einzige größere Platz außerhalb des Tempelberges in der Altstadt. Er ist von Flutlicht beleuchtet und 24 Stunden an sieben Tagen geöffnet. Es stehen Regale mit Gebetbüchern um den Patz herum, Frauen und Männer dürfen die Klagemauer nur getrennt besuchen. Als wir an der Mauer ankommen, herrscht gespannte Betriebsamkeit.

Ich sehe fromme Juden mit Gebetspulten vor- und zurück-wippend. Sie stehen an der Wand und nicken rhythmisch, sie wiegen sich hin und her. Dies, verstehe ich, ist wahrhaft religiöse Vertiefung. Sie sind ganz in sich versunken. Hier an der letzten Wand, die ihnen von ihrem Tempel geblieben ist. Manche Väter sind mit ihren Babys da und halten sie an die Wand des Tempels. Neben der Tempelmauer ist eine Gebetshalle. Dort studieren fromme Männer Bücher, einer ist dabei, Seiten einer Thora zusammenzukleben. Ich rücke an ihn heran, er muss mich eigentlich bemerken. Ich fände es interessant, würde er mir erklären, warum er das macht. Aber er würdigt mich keines Blickes. Ich begreife, es ist ihre Mauer, nicht meine. Sie sind dort eins mit ihrem Gott, mit dem ich wiederum nichts zu tun habe. Es mag derselbe Gott sein, den auch ich anbete. Aber mich hört er hier nicht. Ich bin nur irgendein Depp, der mit seinen klebrigen Fingern die heiligen Steine anfasst. Tagsüber, wenn die Touristen-horden die Mauer belagern, mag das nicht so spürbar sein. Aber nun am Abend, da fast nur noch die Frommen da sind, ist für mich spürbar, wie wenig ich dazugehöre. Am Eingang zur Klagemauer steht eine Warnung des obersten Rabbi von Jerusalem. Niemand dürfe den Tempelberg betreten. Das gilt freilich nur für fromme Juden. Aber es dürfte wohl klar sein, was man davon hält, dass Leute wie ich den Heiligen Berg betreten. Es ist wohl vergleichbar damit, als würde ein Ungläubiger im alten Jerusalem in das Allerheiligste des Tempels spazieren. In der Vorstellung der frommen Juden bin ich nicht mehr als ein Fehlgläubiger. Die frommen Juden aber spüren Gott. Um ihm zu gefallen, müssen sie die Gebote der Thora befolgen, über 600 an der Zahl. Ich derweil bin der ganzen Sache fern.

Ich dachte immer, Jerusalem sei die heilige Stadt der Christen. Aber das ist sie nicht. Es ist die Stadt der Juden und der Moslems. Die Christen sind hier eine Minderheit. In den Augen frommer Juden ist Jesus nicht der Erlöser, und wer ihn als solchen verehrt, irrt. Ultraorthodoxe sehen in Jesus sogar einen Verräter, einen Feind des jüdischen Volkes, der eine destruktive Religion geschaffen hat, die über Generationen hinweg Not und Verfolgung, Kreuzzüge und Pogrome über das jüdische Volk gebracht hat. Ich verlasse die Klagemauer mit einem Gefühl, hier nicht hinzugehören.

Am nächsten Tag wollen wir den Ölberg besuchen. Er thront über der Stadt und sieht aus wie aus Kalksteinen aufgeschichtet, weil an seiner Westseite der größte jüdische Friedhof der Stadt ist. Auf dem Ölberg traf sich Jesus mit seinen Jüngern. Dort soll nach Vorstellungen der Juden der Messias erscheinen. Es ist also auch eine heilige Stätte wie alles hier. Um zum Ölberg zu kommen, muss man die Stadt durch das Löwentor verlassen. Auf dem Weg dorthin kommen wir an Marias Geburtsstätte vorbei. Dort soll nach griechisch-orthodoxer Auffassung Maria auf die Welt gekommen sein. Ein unauffälliges Schild macht darauf aufmerksam. Wenn man in das Haus hineingeht, steht man im Flur, wo ein Wäscheständer steht, man kann eine Treppe hinabgehen und gelangt zu den Fundamenten einer alten Wohnstatt. Okay, denke ich mir, hier also wurde die Mutter Gottes, die meine Kinder mit ihren Rosenkränzen verehren, geboren. Die Heilige Jungfrau wurde an dieser Stelle zu uns gesandt, dies ist ein Ort, wo Himmel und Erde aufeinandertreffen, Diesseits und Jenseits. Ich würde es gerne wahnsinnig beflügelnd finden, aber in der Fülle der spirituellen Stätten ist es nur ein weiterer Ort in diesem heiligen Bimbam. Der Weg zum Ölberg ist kurz. Und schon bald sind wir am Garten Gethsemane. Hier, umsäumt von einer hohen Mauer, stehen noch Ölbäume aus biblischen Zeiten. Möglich, dass Jesus im Schatten von einem dieser Bäume gebetet hat, der Herr möge den Kelch an ihm vorübergehen lassen, während seine Jünger hier hätten wachen sollen, aber einschliefen. Etwas weiter soll die Herberge sein, wo Petrus seinen Herrn geleugnet haben soll, in der Nacht, in der er verhaftet wurde. Es ist alles so dicht, stets nur einen Steinwurf entfernt.

Hier bekomme ich zum ersten Mal biblische Gefühle. Ich habe mir nie überlegt, wie nah Petrus am schrecklichen Geschehen gewesen sein muss, als er in der Herberge war und seinen Herren verleugnete. Von diesem Ort bis zur Kreuzigungsstätte sind es vielleicht zehn Minuten Fußweg. Wenn Jesus geschrien hat, als man ihn ans Kreuz genagelt hat, muss man es hier noch gehört haben. Es war alles in der Nachbarschaft, stets ein paar Häuser weiter. Was für Memmen, denke ich bei mir. Sie wollten ihrem Herren bis ans Ende der Welt folgen, aber als es ernst wurde, verdrückten sie sich und standen ihrem Propheten nicht einmal in der Stunde seines Todes bei.

Als ich den Garten verlasse, wartet meine Frau auf mich. Sie fragt freundlich, aber ein bisschen ungeduldig, ob ich mir denn wirklich alles anschauen mag, denn sonst kämen wir hier nicht weit. Ich sage, das sei doch aber hier der Garten Gethsemane, der biblische Ort. Jaja, sagt meine Frau. Dann steht da plötzlich ein Taxi. Ich sage, wir könnten ja den Berg hinauffahren, dann seien wir schneller. Die Fahrt nach oben kostet ein paar Schekel. Unser Fahrer heißt Ahmed. Ahmed macht oben ein Foto von uns beiden. »Look at each other«, sagt er. Wir schauen über Jerusalem, diese Stadt, die unruhig ist, seit es sie gibt, und immer unruhig sein wird. Ahmed zeigt uns ein paar unbelegte Gräber. Die haben reiche Juden gekauft und für sich reserviert, sagt er. Weil sie glauben, dass hier an dieser Stelle der Messias erscheinen wird und sie dann mit ihm ins Paradies einziehen werden. Ich schaue auf die trostlosen Reihen, zwischen denen der Messias ankommen soll. Ein staubiger Platz im Sand zwischen offenen Gräbern. Darauf muss man als Messias schon echt Lust haben. »Man kann das Paradies nicht für Geld kaufen«, sagt Ahmed. Aber man kann andere Sachen kaufen, eine Taxifahrt zum Beispiel. Ahmed bietet uns an, uns nach Bethlehem zu fahren, jetzt gleich. »Ihr seid Christen«, sagt er, »ihr müsst Bethlehem gesehen haben, ich bring euch für 70 Dollar hin.«

Bethlehem! Es ist meine heilige Stadt. Denn Bethlehem ist die Stadt der Weihnachtsgeschichte. Ich habe unzählige Male Maria und Josef im Stall kauern sehen, betend vor der Krippe. Bei uns in der Familie gab es einen regelrechten Krippenkult, beginnend mit meinem Urgroßvater, der im vorigen Jahrhundert als Missionar bei den Dschagga im heutigen Tansania wirkte. Sein Altenteil verbrachte er in einem kleinen Dorf in Unterfranken. Und wenn die Weihnachtszeit kam, verwandelte er sein gesamtes Wohnzimmer in eine einzige Krippe. Unzählige Figuren aus Ton stellten eine wahre Völkerwanderung zum Stall dar. Jesus mag in Heu und Stroh geboren worden sein, aber er war von Minute eins an ein Superstar. Nicht nur Hirten und Schafe waren da, sondern auch Kaufleute, Kinder, Märchenfiguren und allerlei Tiere des Waldes. In der Ferne, also unter den Zweigen des Tannenbaums, konnte man schon die Heiligen drei Könige aus dem Morgenland nahen sehen, die den Sohn Gottes mit Geschenken überhäuften.

Das alles umrandet von unzähligen Engeln, die die Ankunft des Heilands bejubeln. Nach diesem Raketenstart ist es kaum zu erklären, wie es dann dreißig Jahre dauern konnte, bis Jesus so richtig in Action kam.

Für die Krippe sammelte mein Urahn Moos im Wald und Wurzeln und Steine, um eine Landschaft zu formen. Die Krippe meines Urahns war die Attraktion des Dorfes, alle Bewohner kamen, um sie zu bewundern. Da nahm er es auch gerne in Kauf, dass die mit den Baumwurzeln eingeschleppten Schädlinge später sein Wohnzimmer zu Sägemehl machten. Diese Tradition wurde von Generation zu Generation weitergegeben. Meine Eltern bestückten nicht das ganze Wohnzimmer mit dem Moos für die Krippe, aber immerhin einige Quadratmeter. Die Krippe meiner Eltern umfasste bestimmt hundert Figuren aus Ton, Holz und Pappmachee. Auch wir Kinder bastelten einige. Ich steuerte einen Polizisten bei und formte aus Fimo ein kleines Teufelchen, das der Ankunft des Heilands feixend beiwohnte.

In diesem Sinne war Bethlehem für mich immer die Hauptstadt des Christentums. Da, wo alles begonnen hat. Die Geschichte aus dem Lukasevangelium wurde stets bei uns zu Weihnachten verlesen. Für mich gründete mein ganzer kindlicher Glaube darin. Christus war als Gott geboren worden, und es war vorbestimmt, dass er Großes vollbringen würde. Seine Eltern wussten es, die Hirten wussten es, die Engel wussten es. Dass er am Kreuz sterben musste, war für mich irgendwie ein Unfall, Jesus hätte einfach immer weitermachen können. Wenn ich an das Christentum dachte, dachte ich an Bethlehem als Ort, von dem das Gute ausging. Nun liegt Bethlehem für mich ganz nah. Allerdings in den besetzten Gebieten, die nicht völkerrechtlich als Teil Israels anerkannt sind. Man muss über Checkpoints dorthin fahren. Dort patrouillieren Soldaten. Aber es gibt die Geburtskirche, die an der Stelle errichtet wurde, wo der Überlieferung nach der Stall war, in dem Jesus zu Welt gebracht wurde. Wenn es einen heiligen Ort für mich gibt, dann doch den. »Ja«, sage ich, »wir fahren nach Bethlehem.« Meine Frau stimmt zu, das finde ich großartig an ihr, dass sie so etwas einfach mitmacht.

Wir sitzen auf dem Rücksitz von Ahmeds Taxi, ein Sitz mit Kunstlederbezug, von dem sich sicherlich alle auslaufenden Flüssigkeiten abwischen lassen, und fahren gen Osten. Der Osten Jerusalems gehört nicht zum völkerrechtlich anerkannten Gebiet Israels – aber das wissen die wenigsten. Die sogenannte »Grüne Linie«, die in den Verträgen von 1947 festgezogen wurde, passiert man, ohne es überhaupt zu merken. Dass etwas nicht stimmt, merkt man erst daran, wenn man auf die ersten Siedlungen der Israelis trifft. Es sind moderne Häuser, die so auch in Berlin Mitte stehen könnten und sich deutlich abheben von der abgeschrammten Umgebung. Aber sie sind von Mauern mit Stacheldrahtverhauen umgeben. Das Eingangstor ist schwer bewacht und mit einem Rolltor geschützt, das auch einen heranrasenden Wagen aufhalten könnte. Die Autos, die es passieren, haben mit Steinschutzgittern gepanzerte Fenster. Israel umbaut den Osten der Stadt mit Siedlungen, um ihn vom Rest des Palästinenser-Landes abzuschotten. Wir passieren das Kidrontal, in dem der Vorhersage zufolge nach der Rückkehr des Messias das Jüngste Gericht gehalten werden soll. Dort gibt es mageres Gras und Steine. Es ist schon jetzt nicht sehr einladend. Bald fahren wir durch kleine Dörfer, die so aussehen, als hätte sich ihre Struktur seit der Bibel kaum verändert. Ich muss an Ostdeutschland kurz nach der Wende denken. Meine Eltern nahmen uns Kinder am Wochenende nach der Maueröffnung auf einen Ausflug in die DDR mit. Mit unserem BMW fuhren wir durch ein Land, das aussah wie Deutschland, aber 20 Jahre hintendran. Ländlich, abgetragen, kaputt. Mir kam es damals irreal vor, dass dort auch Menschen lebten. Dass sie hier nicht nur durch Kulissen gingen, sondern tatsächlich ihre Biografien darin lebten. Geboren wurden, in die Schule gingen, arbeiteten und starben. So kommt mir jetzt auch das Palästinenser-Gebiet vor.

Ahmed redet von den Radikalen auf beiden Seiten. Von Palästinensern, die einerseits wüssten, dass es nur in Israel Arbeit gebe, und andererseits die Israelis von der Erde tilgen wollten. Von den Siedlern, die unbedingt das Heilige Land besiedeln wollen und es mit ihren rüden Methoden entweihen und mit Unfrieden anfüllen. Er lobt die orthodoxen Juden, die zum großen Teil nicht religiös verblendet, sondern fleißige Arbeiter seien. Er schüttelt den Kopf darüber, wie viel Energie in diesem Land darauf verwendet wird, einander zu hassen. Ahmed selbst lebt in Ostjerusalem am Hang des Ölberges. Er hat sich mit seiner Familie einen bescheidenen Wohlstand erarbeitet. Für ihn ist es gut, dass es Israel und die Juden gibt. Sie geben ihm keine Rechte, aber sie bringen ihm Geld. Sie bringen die Touristen, mit denen er sein Taxi füllen kann. Er bewundert die Israelis für ihre Disziplin. Sie haben die Wüste urbar bemacht. Es habe schon seinen Grund, warum es in Israel so viel mehr Wohlstand gebe als in den umliegenden Regionen. Und auch nicht mehr Krieg und Gewalt. Wir kommen an einem Flüchtlingslager vorbei. Ahmed hat nicht viel übrig für die palästinensischen Flüchtlinge. Er meint, sie hingen an der Vergangenheit. Sie vererben ihren Flüchtlingsstatus wie einen Adelstitel an die Nachkommen. Denn das gibt ihnen das Recht, sich weiter von der UN durchfüttern zu lassen.

Plötzlich sehe ich Schafe am Straßenrand, und dann fällt mir ein, dass dies ja die Weiden vor Betlehem sind. Hier grasen heute noch Schafe. Hier lagerten die Hirten am Abend, als ihnen der Engel erschien. Es war diese Landschaft also, diese hügeligen kargen Weiden, auf denen das Neue Testament seinen Anfang nahm. Ich hatte sie mir irgendwie immer saftiger vorgestellt. Aber im Dezember müssen sie eine triste Angelegenheit gewesen sein. Doch von hier aus nahmen die Männer, die damals bei ihren Herden lagerten, denselben Weg wie wir heute: auf zu Betlehems Stall. Plötzlich biegt Ahmed mit seinem Taxi ab und steuert in ein Gewerbegebiet. Man würde es Gewerbegebiet nennen, wenn es hier ein Gewerbe gäbe. Aber wir kurven zwischen löchrigen Zäunen, alten Reklametafeln und Autoschrottplätzen. Ahmed fängt an, von wunderbaren »Carvings« zu sprechen, dem tollen Schnitzhandwerk in Betlehem, den Behindertenwerkstätten, die hier mildtätig den Gehandicapten Arbeit geben. Meine Frau sagt, die Bethlehem-Werkstätten seien sehr bekannt. Ahmed sagt, er wolle uns da vorbeiführen, »auf einen Kaffee«. Ich ahne, dass es nicht beim Kaffee bleiben wird. Es soll ein Kaffee mit Shopping werden.

Schon stehen wir in der Werkstatt der Bethlehemer Schnitzerei. Ein junger Mann serviert uns einen Saft und spricht davon, dass es in Bethlehem nur noch fünf Prozent Christen gebe und dass er und seine Familie die Einzigen seien, die sich um Brot für die Behinderten kümmern würden. Weil sie ihnen Arbeit geben. Aber Arbeit geben können sie nur, wenn sie auch ein Geschäft haben. Es gebe wunderbare Schnitzereien aus Olivenbaum-Holz. Die besten Olivenbäume in der Gegend! Olivenbäume seien biblische Bäume,

müsse man wissen. Und hier und jetzt könne man den Fort-
bestand des Christentums im Heiligen Land sichern. Und
natürlich auch dafür sorgen, dass Männer wie Andreas, er
deutet auf den Schnitzer, weiter Arbeit hätten. Das alles sei
uns natürlich freigestellt. Wir sollten uns einfach mal um-
schauen. Der Laden ist riesengroß, und es gibt hier wohl jede
Zutat des praktischen Christentums. Weihwasserbecken und
Weihrauch, Kruzifixe und natürlich Krippenfiguren in allen
Ausformungen. Mir ist schnell klar, dass es hier nicht beim
Gucken bleiben kann. Ahmed bekommt ganz offensichtlich
Provision für die Kunden, die er hier reinbringt, und er wird
sich das Geschäft nicht entgehen lassen. Ich habe einmal
eine verhängnisvolle Tuc-Tuc-Fahrt in Bangkok gemacht. Der
Fahrer hatte uns auch mit einem Sonderpreis gelockt und
uns dann von einem Schmuckladen zum nächsten gefahren,
immer mit der Ansage, er müsse uns Freunden vorstellen.
Und war immer sehr entsetzt, dass wir schon wieder nichts
gekauft hatten. Irgendwann sprangen wir aus dem fahrenden
Tuc-Tuc. Ich möchte nicht aus einem fahrenden Taxi springen, jedenfalls nicht in besetzten palästinensischen Gebieten.
Meine Frau meint, ich könnte doch so ein Krippenstallhäus-
chen aus Olivenholz kaufen. Das hätten wir doch noch nicht.
Ich nicke und schaue mir die Preise an. Für ein mittleres Exemplar möchte man 300 Dollar haben. Das ist schon kein
Einkauf mehr, das ist Lösegeld, finde ich. Ich frage nach dem
kleinsten Häuschen, das es gibt. Das kostet immer noch 100
Dollar. Hier ist man offenbar auf große Mildtätigkeiten aus.
Ich gebe mich hartherzig und handle sie auf 80 Dollar herunter. Das wird das Christentum im Heiligen Land noch immer
genug fördern, meine ich. Als wir wieder im Taxi sitzen, bin
ich ganz zufrieden. Einen Krippenstall aus Betlehem. Wer
hat das schon unter dem Weihnachtsbaum?

Wenn Betlehem damals nur ein kleines bisschen so ausgesehen hat wie heute, kann ich verstehen, dass Josef da wegge-
zogen ist. Die Stadt hat soviel Charme wie Krefeld. Staubige
Straßen, kramige Geschäfte, tote Winkel und Müll. Plötz-

lich bremst Ahmed, er winkt jemanden heran. Er steigt ein. Plötzlich komme ich mir komplett dämlich vor. Was, wenn wir nie in der Kirche ankommen? Wenn wir jetzt zu einem »guten Freund« gefahren werden, der uns erst wieder gehen lässt, wenn wir für ihn unser Konto geplündert haben? Aber da hat sich unser neuer Mitfahrer schon als Touristenführer geoutet. Er verspricht, uns die Kirche zu zeigen. Ich sage, dass ich eigentlich gar nicht so viel Zeit habe und nur die Geburtsstätte Jesu sehen will. Unser Führer hat verstanden, er sagt, er bringe uns da durch. Wir müssten uns nur dicht bei ihm halten. Wir betreten die Kirche, einen etwas unförmigen Bau, dem man ansieht, dass er von vier Konfessionen belebt wird, die sich alle nicht über den Weg trauen. Es soll hier sogar schon über die Frage, wer die Kirche wann putzen darf, zu Schlägereien gekommen sein. Viel ist ohnehin nicht zu sehen – denn überall sind Menschen. Wir sind offenbar nicht die Einzigen, die Jesu Geburtsstätte sehen wollen. Ich frage, wie lange man hier normalerweise wartet? Drei Stunden, antwortet der Führer. Dann wird mir klar, was er mit »Ich bring euch da durch« gemeint hat. Rücksichtslos schiebt er uns durch die Reihen und lässt uns bei den verschiedenen Pförtnern durchwinken. Offenbar ist er gut vernetzt. »Wer sind diese Leute?«, »Warum dürfen die durch?«, hören wir die Wartenden rufen. Überall um uns herum Wut. Aber ich will nicht warten, es ist mir ganz recht, rücksichtslos zu sein. Am Ende schiebt uns der Führer die Treppe zur Krypta runter, presst uns förmlich durch die Reihen der dort Wartenden. Die haben alle brav bei einem Tour-Veranstalter bezahlt und werden nun von uns Barbaren überholt. »Wie könnt ihr das tun, das ist ein heiliger Ort«, ruft eine entrüstete Gruppenleiterin. Aber dann sind wir schon am Ziel

Wir stehen vor einem Altar auf einem Marmorboden, unter dem sich eine Nische befindet, die mit Wimpeln geschmückt und mit Öllämpchen ausgeleuchtet ist. In die Nische ist ein silberner Stern eingelassen. Dieser Stern ist die Stelle, wo Christus geboren worden sein soll. Seit dem zweiten Jahrhundert wird dieser Fleck in Betlehem verehrt. Vor mir kniet eine junge Frau; in dem Moment, in dem sie den heiligen Boden berührt, fließen ihre Gesichtszüge auseinander, ihr kommen die Tränen, sie ist zweifelsohne sehr berührt. Ihre Begleiter müssen sie stützen, damit sie wieder aufstehen kann. Für sie hat sich gerade ein wichtiges Lebensziel erfüllt, die Pilgerreise zu Jesu Geburtsstätte. Ich schaue der Frau nach, sie kam wohl aus den USA hierher. Die Luft in der Geburtsgruft ist schwer, viel Lampenruß, wenig Sauerstoff. Viele Menschen, alle in ein Gebet vertieft. Trotzdem ist hier nichts sinnlich oder heimelig. Es drängt und drängelt, und der Ort ist unfreundlich. In einer weiteren Nische stehen Ikonen, dort soll die Krippe gestanden haben, in der Jesus abgelegt wurde. Nichts sieht hier nach Verweilen aus, nichts nach Heimkehr. Nichts verströmt nur einen Hauch des Geistes von Weihnachten.

Ich knie nieder und berühre den Stern. Jetzt sollte vielleicht etwas in mir passieren, aber ich fühle nur Stress. Keine Kraft ergreift mich, keine Rührung überkommt mich. Es ist einfach nur ein Metallstern in einer rumpeligen Nische in einer dampfigen Gruft. Ich empfinde Scham, Hunderte geduldig wartender Pilger zur Seite gedrängelt zu haben, um dieses Stück Metall zu berühren, das die Stelle markiert, wo vor etwa 2000 Jahren ein Leben begann, das schon dreißig Jahre später wieder enden sollte. Oder eben auch nicht. Was tue ich hier? So bin ich doch sonst nicht?

Ich erhebe mich und gehe mit meiner Frau die Ausgangstreppen hinauf. Sie hat den Stern nicht einmal berührt, die ganze Angelegenheit war ihr zu unangenehm. Der Guide erwartet uns schon am Ausgang und geleitet uns zum Taxi. Das war es.

Ich war nun dem Traumort meiner Kindheit am nächsten und bin ihm ferner denn je. Ich habe daran gedacht, ob ich vielleicht abgezockt werde, wie ich mich in die Gruft hineindrängen kann, wer die Leuten um mich herum sind und ob wir wieder rechtzeitig nach Jerusalem kommen. Ich bewege mich zwischen den heiligsten Orten meiner Religion hin und her und finde nur Unfriede in mir.

Als wir in die Altstadt von Jerusalem zurückkehren, ist die Stadt schon dabei, sich bettfertig zu machen. die Läden werden geschlossen, die Kardamom-Kaffee-Küchen von der Gasse geräumt. Mit einem Mal ist der Trubel weg, die Touristenströme versiegen. Man sieht nur noch das Pflaster und etwas darauf klebenden Müll. Jerusalem hat nun etwas Erschöpftes, Trauriges an sich, gefangen in der Enge der eigenen Mauern, in denen sich immer wieder dieselbe Geschichte abspielt. Immer wieder neue Träume vom Frieden, neuer Streit.

Nur noch wenige sind zu der späten Stunde in Jerusalem unterwegs. Es sind Polizisten und Männer, die den Müll aufsammeln und den Boden abspritzen für einen weiteren Tag.

In meiner Hand trage ich das Krippenhäuschen aus Olivenbaumholz. Ich weiß nun, für mich wird Betlehem immer eine Stadt sein, die unter meinem Weihnachtsbaum gegründet wurde.

13 ICH PILGER

Aber was habe ich auch erwartet? Wollte ich, dass Steine zu mir sprechen und in mir etwas wecken, was mein eigenes Seelenleben nicht hergibt? Hätte das Christkind aus der Krippe zu mir sprechen sollen? Die Menschen, die in die Gruft hinabgestiegen sind, haben ihren Glauben schon mitgebracht. Sie weinen nicht, weil an diesem Ort etwas besonders ist, sondern weil sie darin etwas Besonderes für sich erkennen. Und ich muss sagen, dass ich sie darum beneide. Ich beneide sie darum, weil sie etwas haben, aus dem sie Kraft und Gewissheit schöpfen. Etwas, das ihr Leben auf der richtigen Spur hält, etwas, das ihnen hilft, Trauer zu verarbeiten und die eigene Angst vor dem Tod zu überwinden.

Warum fällt mir das so schwer? Warum fällt glauben vielen Menschen meiner Generation überhaupt so schwer? Ich fürchte, es ist gar nicht das Spirituelle, das Menschen am Glauben stört. Es ist auch nicht die mangelnde Wissenschaftlichkeit. Die Abneigung gegen den christlichen Glauben wird vermutlich nicht dadurch befördert, dass Gott in seiner Feinstofflichkeit nicht physisch nachweisbar ist. Schließlich teilt er dieses Schicksal mit vielen Phänomenen, mit der Bach-Blüten-Therapie, der Farbmeditation, der alternativen chinesischen Medizin, dem Buddhismus und der Homöopathie.

Vielleicht hat es viel eher mit unserem eigenen Zustand als mit dem Zustand Gottes zu tun. Ich überlege, ob ich in dieser Hinsicht nicht einfach auch ein Kind meiner Generation bin. Ich erinnere mich: In der ZEIT-Beilage»Christ und Welt« war einmal ein Artikel zu lesen, geschrieben von einem jungen verhinderten Theologiestudenten, der darüber sinnierte, warum Gott in seiner Generation so wenig zu melden hat. Sein Gedanke war: Wir haben nicht Angst vor Gott, wir haben Angst vor der Liebe. Und da Gott bedingungslose Liebe verlangt, will er mehr, als wir glauben, geben zu können. Das, was Gott von uns verlangt, macht uns Angst. Eine »Scheißangst«, schrieb er. Die Kommentare in der Online-Ausgabe der ZEIT waren verheerend. Einer schrieb: »Ich glaube genauso wenig an irgendwelche Götter wie an das fliegende Spaghetti-Monster«, oder: »Warum glaubst du nicht zur Abwechslung mal an dich selbst?«

Hätte der junge Mann über Polyamorie geschrieben oder über verrückte Formen der Liebe, wären die Reaktionen wahrscheinlich nicht so harsch gewesen. Aber die bedingungslose Liebe zu Gott einzufordern, das war vielen dann offenbar zu viel. In meiner Generation fallen ziemlich viele Formen der Liebe unter das Toleranzgebot. Die göttliche Liebe zählt für viele nicht dazu. »Glaube an dich selbst« oder »Liebe dich selbst« sind Sätze, die für viele mehr Realität zu haben scheinen. Man muss nicht lange warten, bis man auf das »Glaube an dich selbst«-Mantra stößt. Sogar Heidi Klum ruft es bei Germany's Next Topmodel ihren Kandidatinnen zu. Jungen Frauen, die für eine Fernsehshow genötigt werden, sich in jeder nur denkbaren Art und Weise zu verleugnen und zu verbiegen. Aber auch die sollen dabei voll an ihr Selbst glauben.

Vielleicht ist die Selbstliebe aber auch einfach die letzte Art der Liebe, die uns bleibt, die uns glaubhaft erscheint. Wir gewöhnen uns immer mehr daran, dass Liebe eben nicht bedingungslos ist. Wir werden ständig bewertet und stellen uns zur Bewertung aus. Da sind die Dating-Apps, in denen man sein Profilbild zum Wegwischen ausstellt. Und wir spiegeln uns in den Zahlen von Followern, Freunden und Abonnenten, die unsere Profile in den sozialen Medien sammeln. Sogar uns selbst bewerten wir, indem wir auf Fitness-Apps unsere Schritte zählen. In diesem Rahmen ist Zuneigung kein himmlisches Mysterium, sie ist eine Gegenleistung für erbrachte Leistung. Wenn Gott Likes verteilen würde, könnte man leichter daran glauben. Aber er ist ja eben im analogen Zeitalter hängen geblieben.

Was wir im Alltag sehen, ist die leistungsgerechte Liebe. Man bleibt nicht verheiratet, bis der Tod einen scheidet, sondern solange man die Bedürfnisse des Partners befriedigen kann. Man bleibt auf dem Arbeitsmarkt nur so lange interessant, wie man lebenslang lernt. Da ist es nur logisch, dass es letztlich nur eine Person gibt, auf die man restlos setzen kann. Man selbst. Selbstliebe wird heute in Kursen gelehrt. Selbstachtsamkeit ist scheinbar das Wort des Jahrzehnts. Immer sollen wir darauf bedacht sein, gut zu uns selbst zu sein. Tragischerweise landen wir aber gar nicht bei uns selbst. Da wir gleichzeitig ständig von dem Applaus und dem Wohlwollen anderer abhängen, verlernen wir ebendieses Selbstsein. Wir verstehen uns mehr und mehr als das, was andere in uns sehen. Als eine Aufsummierung von Eigenschaften und Rollen und Identitäten. Das Selbst als die Gesamtheit unserer Profile auf Facebook, Instagram und LinkedIn.

Es ist ein fragiles Selbst. Wir fühlen uns sehr verletzlich. Deshalb spielt der Schutz unserer Identität eine große Rolle. Wir empfinden sie oft als angegriffen. Weil andere keine Rücksicht auf unsere Gefühle oder unser Selbstverständnis nehmen. Oder kein Verständnis für unsere besonderen Bedürfnisse haben. Wir werden so zu Opfern der Umwelt. Und wir ziehen unmerklich Grenzen zwischen uns und den anderen. Wir machen den Kanon unserer gemeinsamen Werte und Interessen kleiner. Je vernetzter die Welt wird, desto leichter fühlt man sich in ihr alleine.

In diesem seelischen Klima von Abgrenzung, Abhängigkeit und Selbstbedachtheit ist die Botschaft von immerwährender, alles verzeihender, durchdringender und völlig unbedingter Liebe weit, weit weg.

Obwohl wir so eine Botschaft vielleicht dringend bräuchten.

Ein Leben ohne Glauben geht, aber es geht nicht gut. Erst die Gewissheit über eine höhere Logik macht uns souverän. Das sagt auch die moderne Evolutionsforschung. Der

Evolutionsbiologe Justin Barret erklärt, logisches Denken sei sehr gut, um die Ursachen der Welt um uns herum zu entdecken, aber »sehr schlecht, um moralisch zu entscheiden, was mit diesen Erkenntnissen geschehen soll«. Wahrscheinlich liege darin die Unfähigkeit vieler Menschen begründet, Entscheidungen zu treffen. Die Fakten sagten ihnen nicht, ob sie gut oder schlecht sind. Das müsse ihnen der Glaube vermitteln.

Max Planck war gläubig. Max Planck war einer der produktivsten Wissenschaftler der Geschichte – und hat gleichzeitig ein Schicksal erlitten, das jeden Menschen in die Verzweiflung treiben kann: Sein ältester Sohn Erwin Planck wurde wegen seiner Beteiligung am Aufstand gegen Hitler verhaftet und 1945 hingerichtet. Sein zweiter Sohn war bereits 1916 im Ersten Weltkrieg gefallen. Seine Töchter starben nach der Geburt ihrer Kinder, und seine erste Frau Marie war 1909 nach längerer Krankheit verstorben. In einem Brief schrieb Planck, was ihm Kraft gebe: »Dabei kommt mir der Umstand zu Hilfe, dass ich als eine Gnade des Himmels betrachte, dass mir von Kindheit an der feste, durch nichts beirrbare Glaube an den Allmächtigen und Allgütigen tief im Innern wurzelt. Freilich sind seine Wege nicht unsere Wege; aber das Vertrauen auf ihn hilft uns durch die schwersten Prüfungen hindurch.« In einem Vortrag über die Grenzen der Wissenschaft erklärte er: »So sehen wir uns durch das ganze Leben hindurch einer höheren Macht unterworfen, deren Wesen wir vom Standpunkt der exakten Wissenschaft aus niemals werden ergründen können, die sich aber auch von niemandem, der einigermaßen nachdenkt, ignorieren lässt. Hier gibt es für einen besinnlichen Menschen, der nicht nur wissenschaftliche, sondern auch metaphysische Interessen besitzt, nur zwei Arten der Einstellung, zwischen denen er wählen kann: entweder Angst und feindseliger Widerstand oder Ehrfurcht und vertrauensvolle Hingabe.« Das sagt jemand, der die moderne Quantenphysik begründet hat: Man kann zwischen Angst und Hingabe wählen.

Diese höhere Macht hatte Max Planck fast alles genommen, was er innig geliebt hatte. Das hat ihn demütig gemacht, aber nicht gebrochen.

Besonders beeindruckend finde ich bei Max Planck, dass er ein Mensch war, der Unwissen in Wissen umwandeln wollte. Der an den Grenzen dessen arbeitete, was Menschen über die Welt, in der sie leben, und ihre Gesetze erfahren können. Denn ich frage mich selbst, warum es den Menschen früher leichter fiel, an Gott zu glauben. War es denn wirklich so, dass man einfach weniger wusste und weniger konnte? Dass man die Welt nicht so beherrschte, wie man es heute tut, und deswegen den lieben Gott für alles anheuern musste? Die Gegenfrage könnte man auch stellen: Was wissen wir denn heute und was beherrschen wir eigentlich? Sicher, wir haben unsere Lebenserwartung sichtlich ausgedehnt. Wir müssen nicht mehr selbstverständlich damit klarkommen, dass ein Teil unserer Kinder nicht das erste Lebensjahr übersteht, die Frauen sterben nicht mehr oft bei der Geburt, und die Männer verrecken nicht mehr an Staublunge. Aber die Zeit, in der man plötzlich von Todesfällen umgeben ist, kommt immer noch. Verwandte sterben, Großeltern, Freunde der Eltern, Tanten, Onkel, schließlich die Eltern selber. Am Ende sind wir dem Schicksal wieder hilflos ausgeliefert.

Und wie autonom sind wir wirklich? Ich kenne kaum jemanden, der von sich behaupten könnte, er habe das Leben im Griff. Es gibt alles Mögliche, das uns beherrscht. Die Erwartungen am Arbeitsplatz, die Wünsche der Lebenspartner, die Freunde, die Eltern. Für viele Menschen ist sogar ihr Smartphone etwas, das sie beherrscht. Fühlen wir uns tatsächlich so, als seien wir es selbst, die das Leben steuern, und brauchten deshalb keinen Beistand?

Ich fürchte, die Ablehnung des Glaubens ist nicht nur trostlos, sie ist dem Glauben keineswegs intellektuell überlegen oder reflektierter.

Die Aufklärung leuchtet wie mit dem nüchternen Licht einer Taschenlampe in die Welt, aber ihr Schein reicht nicht sehr weit. Wer verlangt zu wissen, statt zu glauben, muss zugeben, dass es sehr, sehr viel Nichtwissen gibt. Wir müssen dazu nicht einmal in die Tiefen der Teilchenforschung hinabsteigen. Das Nichtwissen ist Teil unseres ganz alltäglichen Erlebens. Wir wissen nicht, warum Menschen Musik mögen. Wir kennen nicht die Regeln, nach denen Schönheit empfunden wird. Wir wissen nicht, warum es bei kranken Menschen Spontanheilungen gibt. Wir haben nicht einmal solide Erkenntnisse darüber, warum Menschen schlafen müssen. Wir wissen nicht, wie die Sprache entsteht oder was ein Gedanke ist. Wir wissen nicht, warum Menschen an gebrochenem Herzen sterben können. Wir können nicht einmal mit Sicherheit sagen, wie der Tod funktioniert. Je mehr man sich aktiv für das Nichtwissen interessiert, desto klarer wird, dass wir immer noch in einer sehr kleinen Glocke des Wissens leben. Das Ungewisse betrifft uns weniger, weil es heute weniger unmittelbar bedrohliche Komponenten hat. Wenn sich Menschen früher wetterbedingten Ernteausfällen ausgesetzt fühlten und die Erfahrung machten, dass all das Säen und Pflegen durch einen einzigen Hagelschlag zunichtegemacht werden konnte, dann war dies eine Erfahrung gnadenlosen Ausgeliefertseins. Man musste Gott anrufen, weil er der Einzige war, der helfen konnte.

Heute sind die meisten von uns nicht mehr in dieser Weise bedroht. Wir können länger vermeiden, uns mit dem Unberechenbaren und dem Unbegreifbaren auseinanderzusetzen, bis es uns dann doch erwischt. Bis unser Leben bedroht ist oder ein Mensch stirbt, der uns nahe ist. Dann hat das Unfassbare in unser Leben Einzug erhalten.

Wie wäre es, wenn wir mehr Demut vor dem hätten, was wir nicht wissen? Wenn wir versuchen würden, dem, was wir nicht begreifen können, mit Respekt zu begegnen?

Vielleicht würden wir dann auch wieder erleben, wie wunderbar das Nichtverstehen sein kann. Neulich kam mir ein

Satz des italienischen Designers Ettore Sottsass unter, ein Genie, das auch als Künstler, Schriftsteller und Architekt gewirkt hat. Er sagte:»Was mich wirklich interessiert, ist, einen fast kindlichen Sinn für Wunder wiederzuerlangen. Ich las kürzlich einige alte heidnische Texte, in denen ein ›vor-religiöser‹ Sinn der Welt auftauchte, in dem das Göttliche eine wichtige Rolle spielte. Wir sind innerhalb dieses göttlichen Raumes. Tag und Nacht sind wir davon fasziniert, was passiert, denn wir haben keine Erklärungen – wir öffnen einfach unsere Augen und wandeln durch die Phänomene wie Kinder. Ich glaube, wenn wir eine solche Herangehensweise leben könnten, anstatt immer zu verstehen zu versuchen, zu besitzen und zu kontrollieren, hätten wir vielleicht sogar eine andere Industrie.«

Wann staunen wir noch? Wann sehen wir etwas, dessen Schönheit, Erhabenheit und Macht uns über ist? Staunen ist eine Form der Hingabe. Man betrachtet etwas, das über das eigene Verständnis geht, über die eigene Einordnungsfähigkeit – und man versucht erst gar nicht, es zu erfassen, zu kategorisieren, zu beherrschen. Man lässt es einfach geschehen. Wer etwas bestaunt, der unterwirft sich, aber es ist keine Unterwerfung in Angst, sondern in dem Vertrauen, dass die Dinge gut sind und nicht bedrohlich. Weil die Welt gut ist. Wer staunt, kann dies nur in einem Gefühl der Geborgenheit tun.

Das Staunen ist das Gefühl der Kinder. Sie nehmen neue Dinge auf und können sie annehmen, ohne eine Erklärung dazu zu brauchen. Sie nehmen es wie ein Geschenk – aber auch wie eine Selbstverständlichkeit. Das Bewundern der Welt ist aber auch die Sichtweise des Künstlers, der die Fähigkeit kultiviert, die Dinge aus einem anderen Blickwinkel völlig neu zu sehen.

Mein Urgroßvater lebte bei den Dschagga in Tansania. Er lehrte sie das Christentum und war einer ihrer ausdauerndsten Verteidiger gegen den Zugriff der Kolonialisten.

In der damaligen Weltsicht waren die Dschagga, ein Bauernvolk, das an den Hängen des Kilimandscharo siedelt, schlicht unterentwickelt. Sie sollten zu ordentlichen Bürgern des Deutschen Reiches gemacht werden. Sie sollten auf den Plantagen arbeiten und in Industrieschulen zu Werksarbeitern ausgebildet werden. Dass die Menschen in Hütten in Bananenhainen lebten, empfand man als rückständig. Damals gab es die Vorstellung von der Überlegenheit des weißen Mannes, der die Aufgabe hat, anderen Völkern seinen Lebensstil und seine Weltsicht beizubringen. Mein Urgroßvater wandte sich stark dagegen, dass die jungen Dschagga die Heimatdörfer verließen, um in den Städten ihr Glück zu versuchen. Denn er war nicht nur der Meinung, dass der westliche Materialismus die Dschagga verderben und ihre Gemeinschaft und ihre Kultur zerstören würde (was genau so geschah). Er sah in der angeblichen Unterentwicklung auch eine Stärke und eine Tugend der Dschagga. Er nannte dies »Kindschaft Gottes«. Die Dschagga waren noch in der Lage, aus einer unverstellten Perspektive zu sehen, denn nur aus der kindlichen Perspektive, so mein Urgroßvater, lässt sich Gottes Werk begreifen. Wir fühlen uns bei Gott so geborgen wie ein Kind im Schutze seiner Eltern. Wir stellen ihn nicht infrage, wir versuchen nicht, ihn zu begreifen. Der Dschagga, der inmitten der Naturgewalten lebt, weiß, dass die Dinge nicht alleine von seinem Willen abhängen. Er bildet sich nicht ein, seine Geschicke selbst in der Hand zu haben.

Wir sollen Gott schauen wie ein Kind und Gott vertrauen wie ein Kind. Darum hat uns Gott, so mein Urgroßvater, auch keinen Helden, sondern ein Kind geschickt und es uns in die Krippe zu Bethlehem gelegt. Weil er uns zeigen wollte, dass sich nur in den Augen des Kindes Gottes Wunder offenbaren. Wenn der Dschagga ins Tal schaut, dann sieht er eben nicht nur Bäume. Er sieht auch das Geflecht, das dies alles verbindet, all das Leben um ihn herum und ihn. Er fühlt sich als selbstverständlicher Teil der Schöpfung. Das kindliche Sehen ist ein intuitives Begreifen. Und für meinen Urgroßvater das einzig wahrhaftige Begreifen.

Ich würde selbst gerne staunen, aber es fällt mir schwer. Aber ich belächle die Menschen, die an Wunder glauben, nicht mehr, sondern ich beneide sie. Ich denke an die Brüder in Neumarkt, die im Gebetsraum saßen und riefen: »O Gott, hilf mir. Herr, eile mir zu helfen!«, und es so meinten.

Wann kann ich genauso rufen? Die Zweifel kommen mir wie ein Graben vor, der mich von einem anderen Leben trennt. Einem, in dem ich keine Angst vor dem Tod habe. Einem, in dem ich mich beschützt fühle. Einem, in dem ich mich darauf freuen kann, irgendwann wieder mit meinem Freund zusammenzusitzen, Linie Aquavit zu trinken und die Wellen rollen zu hören.

Aus dem österreichischen Hospiz müssen wir nach einer Übernachtung ausziehen, dort war nichts mehr frei. Zu viele Pilger in der Stadt. Wir ziehen um in ein anderes Hotel am Rande der Altstadt. Von einigen Zimmern aus soll man einen wunderbaren Ausblick auf Jerusalem haben, von unserem Zimmer aus kann man aber nur den Parkplatz sehen. Doch wir haben ohnehin nicht viel Zeit, aus dem Fenster zu gucken, denn in aller Frühe treffen wir am nächsten Tag Yehuda Shaul, einen der Gründer von Breaking the Silence. Das ist eine Organisation von ehemaligen Soldaten der israelischen Armee, die begonnen haben, über ihre Erfahrungen in den besetzten Gebieten zu sprechen. Sie veröffentlichen Protokolle und Berichte über Schikanen, Demütigungen aus Langeweile, verzweifelte Situationen, die sich während der Bekämpfung der Palästinenser-Aufstände ergeben haben. Über sinnlose Militäraktionen, versehentliche Erschießungen. Sie zeichnen Bilder der Gewaltspiralen, die sich aus der Besatzungspolitik ergeben. Und sie führen Ausländer in die besetzten Gebiete. Heute wollen wir mit Yehuda nach Hebron fahren. Dem Ort, wo das Grab Abrahams ist. Der Ort, den Juden wie Muslime als den ihres Ursprungs nennen. Der Ort mit der meisten Gewalt während der Intifada.

Yehuda kommt mit einem Taxi. Er ist ein fülliger Typ mit Vollbart und Hut. Als wir am Morgen zusteigen, fragt er uns als Erstes, ob wir schon gefrühstückt hätten. Ich für meinen Teil habe schon eine Pfanne Shakashuka gegessen, und meine Frau frühstückt ohnehin kaum etwas. Yehuda sagt, er würde uns zu dem besten Falafel-Stand östlich von Jerusalem bringen. Falafel sei nämlich eigentlich ein Frühstück, meint er. Das würde man in Deutschland wohl nicht wissen, aber in Palästina machen die Falafel-Buden um zehn Uhr zu, weil es danach kein Geschäft mehr gebe. Üblicherweise essen Kinder sie auf dem Schulweg. Ich finde das eine lustige Vorstellung, dass wir in Deutschland davon ausgehen, Araber würden ständig Kichererbsenbällchen essen, während sie im Ursprungsland ein Kinderfrühstück sind. Aber in Deutschland sind wir ja auch ganz wild auf Sushi, das in Japan eher den Status eines Butterbrotes hat. Wir scheinen also kulinarisch eher einfache Gemüter zu sein. Später essen wir tatsächlich hervorragende Falafel. Sie werden von grimmigen Palästinensern zubereitet. Als ich ihnen Trinkgeld geben will, werden sie wütend. Trinkgeld, erklärt uns Yehuda, gelte hier als Almosen. Wer Trinkgeld gebe, erkläre sein Gegenüber für arm. Während wir versuchen, einigermaßen zivilisiert die Bällchen zu zerkauen, wollen wir von Yehuda wissen, wo er in Jerusalem wohnt und ob er auch manchmal in der Altstadt ist. Nein, die Altstadt besuche er nie, sagt er. Man sollte immer wieder mal dort hingehen, aber es sei doch eher ein Ort für die Touristen. So ist das wohl. Wir meinen, dass wir in Jerusalem sind, aber wir sind gar nicht in Jerusalem, sondern in einem belebten Museum. Die Stadt drum herum hat einen ganz anderen Rhythmus und ganz andere Probleme. »Ich lebe gerne in Jerusalem«, sagt Yehuda. Er ist ein Ur-Jerusalemer, hier geboren, und er will hier auch bleiben. Viele, sagt er, würden gehen. »Warum?«, frage ich. »Jerusalem wird immer religiöser!«

Das höre ich zum erstem Mal: dass ein Ort religiöser wird. Bislang dachte ich, alles würde säkularer. Jerusalem aber wird religiöser. Das sollte doch eine gute Nachricht sein. Aber bei Yehuda hat »Religion« einen bedrohlichen Beiklang. Bei ihm bedeutet sie Abgrenzung und Dissens. In der Religion liegt die gegenseitige Verdammung. Wenn Yehuda von Religion spricht, geht es darum, was Menschen voneinander trennt und was ihnen die Rechtfertigung gibt, gegeneinander vorzugehen. Religionen entzweien die Menschen, die zusammen eine Stadt bewohnen.

Die Fahrt geht durch hügeliges Land. Draußen die gewohnt steinig braungrüne Vegetation des Palästinenserlandes. Wir passieren einen Checkpoint. Ein gelangweilter

Soldat winkt uns durch. So kommen mir Soldaten hier vor allem vor: gelangweilt. Es gibt nichts Langweiligeres, als die angedrohte Gewalt und Kontrolle verkörpern zu müssen. Ich denke an Hebron. Die Stadt ist unter geteilter Verwaltung. Ein Teil israelisch, ein Teil wird von Palästinensern verwaltet. Im israelisch kontrollierten Teil hausen die Siedler. Einige Hundert leben in Hebron. Sie reklamieren die Stadt mit dem Grab ihres Urvaters für sich. Entsprechend befindet sich Abrahams Grab auch auf israelisch kontrolliertem Gebiet.

In der Bibel steht, dass Abraham das Land für 400 Silberstücke von den Hetitern abgekauft hat: »So ging das Feld Efrons in Machpela gegenüber von Mamre, das Feld mit der Höhle darauf und mit allen Bäumen auf dem Feld in seiner ganzen Ausdehnung ringsum, an Abraham über, als ein erworbenes Eigentum, in Gegenwart der Hetiter, aller, die zum Tor seiner Stadt Zutritt hatten. Dann begrub Abraham seine Frau Sara in der Höhle des Grundstücks von Machpela gegenüber von Mamre, das jetzt Hebron heißt, im Land Kanaan. Das Feld samt der Höhle darauf war also von den Hetitern als Grabstätte in das Eigentum Abrahams übergegangen.«

Nach Sara wurde der Überlieferung nach auch Abraham selbst dort begraben, später auch sein Sohn Isaak und dessen Frau Rebekka und deren Sohn Jakob mit seiner ersten Frau Lea. In den Augen der Juden gehört dieses Land also ihnen, schließlich sind sie die Kinder Abrahams. Hier liegt ihr Stammvater begraben. Allerdings berufen sich auch die Araber auf Abraham. Der Mann müsste 1900 Jahre vor Christus gelebt haben. Natürlich ist nicht bewiesen, dass Abraham eine historische Figur ist. Aber was bedeutet das schon, wenn es die Evidenz der Gegenwart gibt?

Der Bau ist einer der ältesten in Israel. Die Grundmauern stammen aus dem ersten Jahrhundert. Seit dem 13. Jahrhundert war er unter sultanischer Herrschaft. Juden und Christen wurde der Zugang verboten. Sie durften nur bis zur siebten Stufe die Treppe aufsteigen und beten. Über die Jahrhunderte lebte eine jüdische Gemeinde mit etwa 800 Mitgliedern in Hebron. Bis sie 1929 von muslimischen Todesschwadronen vertrieben wurde, 67 Mitglieder wurden niedergemetzelt. Viele überlebten nur, weil Araber ihre jüdischen Nachbarn versteckt hatten. Vorausgegangen war ein Streit in Jerusalem, wem die Klagemauer gehört. Das Massaker ist ein wichtiges Datum im jüdischen Selbstverständnis. Es zeigt, wie Juden im eigenen Land zu Opfern wurden und dass man sich wehren muss. Durch den Sechs-Tage-Krieg 1967 wurde Hebron jüdisch besetzt und die »Gräber des Patriarchen« im jüdischen Selbstverständnis befreit. Seitdem wohnen wieder Juden in Hebron – und seitdem lebt die Stadt mit dem Konflikt. Manchmal ist er schwelend, manchmal ruhend, manchmal wahnsinnig. Im Jahr 1994 stürmte ein Jude in Militärkleidung den Teil des Patriarchengrabes, in dem nach wie vor eine Moschee eingerichtet ist, erschoss 29 Betende und verletzte 150, bevor er selbst mit einem Feuerlöscher erschlagen werden konnte. Von einigen fanatischen Siedlern wird er dafür heute noch als Märtyrer verehrt.

Als wir in Hebron ankommen, sind wir erstaunt. Die Stadt sieht eigentlich gar nicht aus wie eine Stadt. Eher wie eine verlassene Filmkulisse. Wie sehen einen Militärposten, wo eine Frau und ein Mann Wache schieben. Sie sind beide höchstens 20 Jahre alt. Ein Lieferwagen kommt vorbeigefahren, aus einem Lautsprecher auf dem Dach quäkt Musik. Er hält am Wachposten, als er weiterfährt, haben beide Soldaten ein Eis in der Hand. Yehuda erklärt, das sei ein Service der Siedler, um das Verhältnis zu den Soldaten zu stärken.

Die Soldaten sind auf die Siedler oft nämlich nicht gut zu sprechen. Die Armeeangehörigen machen hier ihren Job. Die Siedler aber folgen einer Mission. Sie besetzen etwa ein Gebäude, manchmal ziehen nur Frauen und Kinder ein. Diese müssen dann vom Militär beschützt werden. Natürlich könnte man es auch polizeilich stürmen – aber man scheut die Konfrontation mit den Siedlern. Schließlich hat bislang jede israelische Regierung die Siedlungspolitik weiterverfolgt. Wo die Siedler einmal ein neues Objekt bezogen haben, muss bald ein neuer Sicherheitskorridor errichtet werden. Es gibt Straßen, da dürfen Palästinenser sich überhaupt nicht bewegen, dann gibt es solche, in denen sich keine Geschäfte befinden dürfen. In wieder anderen dürfen keine palästinensischen Fahrzeuge fahren, alles im Interesse der Sicherheit. Es sind die Soldaten, die für die Sicherheit sorgen müssen. Und sie tun es mit mehr oder weniger Engagement. In der früheren Hauptstraße von Hebron wurden die Türen der Häuser zugeschweißt. So soll verhindert werden, dass Palästinenser die Straßen betreten. Sie wohnen weiter in ihren Häusern, sie können sie jedoch nur noch über die Dächer verlassen. An manchen der vergitterten Balkone prangen Transparente: »This is Apartheid!« So müssen palästinische Bürger hier die Welt tatsächlich erfahren. Wenn ein Israeli einen Stein auf einen Palästinenser wirft, ist das Körperverletzung und ein Fall für die örtliche Polizei. Wenn aber ein Palästinenser einen Stein auf einen Israeli wirft, dann ist das Terrorismus. Yehuda sagt: Gewalt gegen Palästinenser werde praktisch nicht verfolgt. Große Probleme gebe es etwa, weil arabische Schulkinder auf dem Schulweg attackiert würden. Gewalt gegen Israelis jedoch werde drakonisch geahndet.

Yehuda erklärt, was die Mission der israelischen Sicherheitskräfte sei, wie er sie auch erfahren habe, als er beim Militär war. Präsenz zeigen. Das mache man, indem man mitten in der Nacht an die Türen palästinischer Wohnungen poche und Hausdurchsuchungen mache, die ganze Familie nachts um zwei aus den Betten hole. Oder man errichte spontan Kontrollpunkte in der Stadt. Alles, was geeignet sei zu beweisen, dass man niemals vor Zugriffen geschützt sei. Allerdings werde dadurch die Lage keineswegs sicherer. Hebron sei weiterhin ein Hotspot der Gewalt.

Yehuda zeigt auf eine ehemalige Schule auf einer fernen Anhöhe. Dort habe man seinerzeit einen Artillerie-Stützpunkt aufgebaut. Von den umliegenden Häusern aus sei immer wieder von Heckenschützen das Feuer auf Siedler eröffnet worden. Also habe man das Feuer erwidert. Jeden Abend seien nach Anweisung Häuser der Palästinenser in der Umgebung mit schwerem Geschütz unter Beschuss genommen worden. Yehuda sagt, es seien keineswegs Häuser gewesen, aus denen geschossen worden wäre. Nur Häuser, die markant genug gewesen seien, um ein gutes Ziel abzugeben. Yehuda sagt, am ersten Abend sei es der blanke Horror gewesen zu wissen, dass man mit Kanonen offenbar auf Zivilisten schieße. Am zweiten Abend sei es schon Routine gewesen. Am dritten Abend habe es Spaß gemacht:»Wie ein Video-Spiel«, sagt er. Das sei das Fatale an der Gewalt. Man gewöhne sich so schnell an sie. Und wenn man einmal verinnerlicht habe, dass die anderen ja irgendwie schuld an allem seien, es also an ihnen läge, dann gebe es keine Grenzen mehr. Yehuda weiß nicht, wie viele Tote und Verletzte sein Geschütz produziert hat. Nur losgelassen hat ihn die Frage nie mehr.

Plötzlich steht eine Gruppe Siedler vor uns.»Hier ist ein Mitglied einer israelfeindlichen Organisation, das unschuldigen Fremden Lügen über Hebron erzählt.« Es sind Männer und Frauen, alle mit Wut auf ihrer Stirn. Yehuda sagt, der Mann sei der Sprecher der Siedlerorganisation.»Ich hoffe, er sagt ihnen auch, dass Juden noch immer 95 Prozent der Stadt nicht betreten dürfen! Ich hoffe, er sagt ihnen auch, welches Unrecht hier geschieht.« Die Leute umringen uns und rücken dicht heran. Mir kommt der Gedanke, dass die Vorzeichen sich nun gegen uns drehen. Wir sind in deren Augen jene, die Lügen verbreiten und denen das Schicksal des Volkes Israel egal ist. Ich sage nichts, denn ich weiß nicht, was passiert, wenn man merkt, dass wir aus Deutschland kommen.

Yehuda bleibt ungerührt, fast meine ich, dass er es gerne auf eine körperliche Konfrontation ankommen lassen würde. Wer zuerst zuschlägt, setzt sich in der Öffentlichkeit ins Unrecht.»Ich hoffe, diese armen unwissenden Leute werden eines Tages die Wahrheit erfahren.« Einige klatschen.»Du bist gegen Israel«, schreit einer Yehuda an. Dann zieht die Gruppe ab. Mit diesen Leuten kann man nicht diskutieren, sie sehen sich völlig im Recht. In ihrer Welt sind sie nach Hebron gekommen, um den heiligen Boden zurück für die Juden zu gewinnen. Sie sind in ein bedrohliches Land eingedrungen, wo sie in der Minderheit sind. In eine Stadt, in der man sie hasst. Aber das macht sie umso bestimmter. Sie sind überzeugt, das Richtige zu tun, während die anderen hier falsch sind. Sie meinen, sie handelten im Sinne Gottes. Eines Gottes, dessen Wille höher ist als jeder menschliche Wille. Wenn man die Blankokarte Gottes zu haben glaubt, dann gibt es nichts, was einen zurückhalten kann. Dann steht man über allen irdischen Gesetzen.

Mir ist diese Lesart von Religiosität unheimlich. Yehuda verabschiedet sich, er hat noch einen Termin mit einer Delegation in Hebron. Ich will noch einen Blick auf die Patriarchengräber werfen. Aber es ist nicht so leicht, in das Gebäude hineinzukommen. Es gibt eine aufwendige Sicherheitsschleuse. Und gerade wird sie von etwa 50 israelischen Rekruten passiert. Wir müssen uns in eine lange Schlange stellen von lauter Leuten, die mit automatischen Waffen herumlaufen. Zwei Soldaten, ein junger Mann und ein Mädchen, sichern die Gruppe. Sie haben die Waffen im Anschlag. Ich versuche zu lächeln. Sie lächeln nicht zurück.

Im Vorraum der Synagoge steht plötzlich wieder der Wortführer der Siedler vor uns. »Ist Yehuda da, ist er hier?« Die Anwesenden drehen sich nach uns um. Wir verschwinden, so zügig es geht. Als wir endlich wieder im Taxi nach Jerusalem sitzen, denke ich einmal mehr über den Glauben nach. Wenn Glauben Sicherheit geben soll, wie gewiss darf man dann sein? Und wie kann ein heiliger Ort ein Ort solchen Hasses sein? Was hat der Glaube mit diesen Menschen gemacht – will ich so einen Glauben denn haben?

Diese Menschen, die sich um das Grab Abrahams, um ihren Ursprung streiten, glauben, aber sie zweifeln nicht. Sie stellen das, was sie tun, nicht infrage. Sie sehen sich für ihre

Taten nicht verantwortlich. Und während draußen Schafsweiden und Sicherheitszäune vorbeiziehen, denke ich neu über den Zweifel nach. Würden diese Menschen mehr an ihren Glaubensgrundsätzen zweifeln, gäbe es vielleicht weniger Tote. Nie habe ich Gewissheit grusliger erlebt als hier. Wir beenden unsere Reise mit dem Gang, den alle Pilger machen, wir schreiten die Via Dolorosa ab. Den Kreuzweg. Ich habe die Pilgerzüge schon öfter vor dem Fenster unserer Herberge gesehen. Sie singen Choräle, sie tragen Kreuze. Manche haben sich sogar Dornenkronen ins Haar gedrückt. Der Kreuzweg hat 14 Stationen. Davon sind fünf in der Grabeskirche. Ich habe mir diesen Weg oft vorzustellen versucht. Ich habe ihn stets als lang und zehrend vor mir gesehen.

Wir starten an der Basilika, wo Jesus angeklagt und gefoltert worden sein soll, wo die Residenz des Pontius Pilatus gewesen sein soll. Von dort geht es erst einmal bergab. Ich habe immer geglaubt, der letzte Weg von Christus wäre bergauf gegangen. Ehrlich gesagt kann ich mir überhaupt nicht vorstellen, dass Jesus hier überhaupt gewesen sein soll. Dass wir nun einen Weg gehen, den der Sohn Gottes schon einmal gegangen ist. Alles sieht so profan aus. Wir kommen an dem Ort vorbei, wo Jesus gefangen gehalten worden sein soll. Der historische Ort ist im Keller eines griechisch-orthodoxen Klosters. Es geht zwei enge Treppen herunter in ein Kellergewölbe. Hier soll das Gefängnis des Barabbas und das des Heiland sein. Wir stehen vor den steinernen Nischen, die vielleicht zur Unterkellerung eines Gefängnisses gehört haben können, wie die Mönche sagen. Das hätte wohl sein können, allerdings macht es einen komplett unbeseelten Eindruck.

Ich hatte mir vorgestellt, dass die Stationen der Via Dolorosa in Jerusalem in Gold gefasst sind oder so. Aber dem ist nicht so. Manchmal gibt es an dem Ort eine kleine Kapelle, manchmal ein Kloster. Die Stationen sind auch nicht einheitlich gekennzeichnet, an einigen könnte man glatt vorbeilaufen. Kaum hundert Meter hinter dem Beginn des Passionsweges ist die Station, wo Christus das erste Mal gestürzt sein soll. Ich denke unwillkürlich: Oje, der ist aber ganz schön schnell gefallen. Erst später erinnere ich mich, dass er zuvor 40 Peitschenhiebe erhalten haben soll. Er musste dabei den etwa 25 Kilogramm schweren Kreuzbalken tragen, wahrscheinlich war er stark dehydriert, nur noch eine einzige offene Wunde. Vermutlich wäre ich in diesem Zustand keine fünf Meter weit gekommen. Sein letzter Weg muss etwa 800 Meter betragen haben. Nicht viel – außer man ist schwerverletzt und in Todesangst. Wir kommen an die Stelle, wo Jesus seiner Mutter begegnete. Es ist eine winzige Kapelle, verbunden mit einem riesigen Souvenirshop. Ich wundere mich, dass man an vielen Stationen in den Kapellen alleine vor dem Altar sein kann. Die Pilger scheinen nicht allzu scharf darauf zu sein, auf jedem Bänklein niederzuknien.

Nicht weit entfernt ist die Stelle, wo Jesus das Kreuz an einen dahergekommenen Bauern abgegeben haben soll. Offenbar war man besorgt, der Verurteilte würde die Hinrichtungsstätte nicht mehr lebend erreichen. Dann erfolgt der Aufstieg zur Richtstätte. Nun wird die Via Dolorosa eng und führt durch ein Spalier von Marktständen. Man kann sich schwer vorstellen, wie der Messias auf seinem letzten Weg an Weihrauch- und Honignougatständen vorbeimusste. Irgendwie ist es auch schwer nachvollziehbar, dass der heilige letzte Weg des Christus durch so ein Halligalli führt – hätte man an der Heiligen Straße nicht eine Art Verkehrsberuhigung durchführen können? Das kann man doch in jeder Kleinstadt. Ich bekomme den Eindruck, dass das Christentum in Jerusalem nicht so wichtig genommen wird. Es sieht alles ein bisschen improvisiert aus. Es wirkt etwa so, als würde man die Christen hier immer noch für einen Haufen Spinner halten, die ihrem Propheten hinterherrennen.

Mir fällt ein junger Mann auf, der mit einem Besen die Via Dolorosa kehrt. Er trägt einen neonorangenen Pullover. **149**

So etwa, wie ihn in Berlin die Müllmänner tragen, nur dass hier nicht BSR draufsteht, sondern JESUS. Ich schaue dem engagierten Straßenkehrer eine Weile zu und frage ihn, woher er kommt. Er kommt aus den USA. Er heißt Jay. »J. A.« spricht er die Buchstaben einzeln englisch aus. »JESUS ALIVE«. Jay erzählt mir seine Geschichte. Er erzählt sie bestimmt oft am Tag. Er habe eines Tages vom Herrn die Botschaft bekommen, er solle nach Jerusalem reisen und die heiligen Straßen kehren. Ich frage, wie ihm der Herr das gesagt hätte. Jay meint, die Stimme sei auf einmal einfach in ihm gewesen. Er habe aber gezweifelt und Angst gehabt. Schließlich sei er noch nie in Jerusalem gewesen und er habe auch nicht viel Geld gehabt. Da habe er einen Traum gehabt. Er habe sich selbst als Frosch gesehen, der immer tiefer und tiefer in ein dunkles Wasser hineintauchte. Da habe er plötzlich Angst bekommen, ob er denn nicht schon zu tief getaucht sei, um wieder an die Oberfläche zu kommen. Dann aber sei eine Luftblase unter ihm aufgestiegen, die ihn sanft ergriff und nach oben trug. Und da sei ihm auch wieder eingefallen, was F.R.O.G. heiße: Fully rely on god. Verlass dich vollkommen auf Gott. Also stieg Jay ins Flugzeug und landete hier. Das sei nun fünf Monate her. Und seitdem lebe er davon, was Gott ihm biete. Ich gebe ihm fünf Euro und gehe weiter. So sieht wohl fester Glaube aus. Armer Jay, denke ich mir. Da ist er schon einer der wenigen, die das Glück haben, Worte des Herrn in sich zu hören – und dann ist es so ein Quatsch. Wenn Gottes Wille ist, dass Leute die Via Dolorosa kehren, die ja jeden Abend ohnehin von der Stadtreinigung gesäubert wird, dann bin ich nicht sehr scharf darauf, diesen Willen zu vernehmen.

Plötzlich stehen wir vor der Grabeskirche. Sie wird durch ein von Hand gemaltes Schild ausgezeichnet. Sie steht mitten im Mauergewirr auf dem vermuteten ehemaligen Hügel Golgota. Es ist ein unförmiger Bau. Man kann gar nicht sagen, wo die Kirche anfängt und aufhört. Wenn man hineingeht, wird es nicht besser. Das Gotteshaus sieht aus wie ein Basar. Auf mehreren Stockwerken drängen sich kleine Kapellen aneinander. Es hat nichts Erhabenes wie etwa der Innenraum des Kölner Doms. Alle Konfessionen haben hier ihre Dependancen hineingebaut. Priester und Padres stromern umher, lenken die Flut an Christen, die in diesem Bau umherschwappt. Es sind alle Arten von Christen: Europäer, Asiaten, Russen. Sie klettern die Treppe zu der Stelle hoch, wo angeblich Jesu Kreuz in den Fels gerammt war. Man kann in ein Loch am Fuße eines Altars greifen und spürt den Fels. Auch ich greife hinein, bekomme aber nur den Tinnef zu fassen, den Leute vor mir hineingesteckt haben. Zettel mit Wünschen und Gebeten. Danach steigen wir wieder hinab und stehen vor dem Salbungsstein. Der Stein, auf dem Jesus nach seinem Tod einbalsamiert worden sein soll. Der Salbungsstein ist umschwirrt von Asiaten, die ihre Taschentücher darauf reiben, damit etwas von dem Öl, das der Stein angeblich ausschwitzt, in ihrem Leben haften bleibt.

Und dann stehe ich plötzlich vor dem Schrein, der Jesu Grab darstellt. Eine riesige Menschentraube steht davor, windet sich um die Grabstätte. Alle sind friedlich, obgleich man Stunden warten muss. Ich betrachte die Christen um mich herum. Sie kommen aus allen Ländern, sprechen zig Sprachen durcheinander. So vielfältig ist also das Christentum, und ich hatte immer geglaubt, ich würde es kennen. Ich lasse mich vom Strom mittragen. Es wird immer ein bisschen gedrückt und geschoben. Aber alles mit Geduld. Die Stimmung ist friedlich. Ein Pater kommt vorbei und schwenkt Weihrauch. Und dann stehe ich plötzlich vor der kleinen Gruft. Es passen nur drei Menschen hinein. Ich bin zusammen mit zwei Italienerinnen darin. Mutter und Tochter. Wir sind in einem schummrigen, von Kerzen beleuchteten Raum und stehen vor einem Steinblock. Dort war Jesus also aufgebahrt, wenn man der Geschichte Glauben schenkt. Eben war man noch in einer Menschenmasse, und nun hat man diesen einen Moment, fast allein mit diesem Ort. Alles ist ruhig und gut. Von diesem Stein aus ist er wohl auferstanden. Wir alle knien nieder und beten. Ich bete, denn plötzlich fühle ich: Ich bin tatsächlich an einem besonderen Ort. Es ist ein intimer Moment. So still ist es hier. Als wären wir allein. Und ich spüre die Gegenwart von irgendetwas tief in mir glühen. Es ist ein Ort, der zu meinem Glauben gehört. In diesem Moment bin ich voller Zuversicht: Die Glut wird mich wärmen, so fern ich mich auch fühle. Ich kaufe mir noch ein paar Grabeskerzen. Dann verlassen wir den Bau. Ich habe Hunger. Irgendwo habe ich gelesen, es gäbe hier ein nettes Lokal, wo man eine besondere Spezialität essen könne. Nach vielem Fragen und Deuten finden wir es unter einer Brücke. Der Imbiss sieht eher nach Geschäftsaufgabe aus. Duster ist es und karg, mit billigen Plastikstühlen. Der Wirt macht sich jedoch gleich an die Arbeit. Walzt einen Teigklumpen auf dem Tresen aus. Wirbelt ihn in die Luft, legt eine Tasche daraus und füllt diese mit Nüssen und schiebt sie in den Ofen. Als wir sie kurze Zeit später wieder auf dem Teller haben, sind wir sicher, so etwas Gutes haben wir noch nie gegessen. Es schmeckt einfach göttlich.

Ich war nach Jerusalem gefahren, weil ich eine Klärung
wollte. Ich wollte den Glauben entweder spüren oder mich
davon abscheiden können. Ich spürte aber beides. Ich begegnete den befremdlichen Seiten des Glaubens und in der
Grabeskirche der Innerlichkeit. Ich habe keine Gewissheit
erlangt. Ich habe das Gefühl, es wird sich nichts in mir ändern, wenn ich weiter zuhöre. Vielleicht muss ich selbst etwas sagen.

Ich schreibe eine E-Mail an einen Pfarrer, den ich vor
Jahren auf einer Veranstaltung kennengelernt habe. Wir
redeten über die Erfahrungen meines Urgroßvaters, des
Missionars. Der Pfarrer arbeitete als Leiter einer Missi-
ons-Akademie in Hamburg. Er lud mich spontan ein, ich
könne doch einmal einen Gottesdienst mit ihm gestalten.
Aus lauter Verblüffung sagte ich zu. Aber ich fühlte mich
überhaupt nicht fähig und auch nicht dazu berufen, in einem Gottesdienst zu sprechen. Was hatte ich da verloren?
Gottesdienste waren für mich für Leute, die an Gott glauben
und mit anderen zusammen diesen Glauben feiern möchten. Ich hoffte, die Sache würde in Vergessenheit geraten.
Der Pfarrer meldete sich noch einmal per E-Mail bei mir,
ich vertröstete ihn und kam nie wieder darauf zurück. Und
jetzt schreibe ich eine Mail.

Es hat sich so viel in mir verändert in meinem Kopf in
den vergangen Monaten. Ich habe Verzweiflung erfahren,
Trost erfahren, ich habe gesucht und gefunden und verloren
und wieder gesucht. Ich bin weit weg von meiner Ignoranz
dem christlichen Glauben gegenüber, aber ich bin noch lange
nicht angekommen. Es muss nun für mich etwas passieren.
Ich muss einen Schritt weiter. Ich muss die schreckliche Ver-
drucksthheit in mir lösen. Ich muss Worte finden. Also frage
ich, ob das Angebot denn noch gelte, vor einer Gemeinde zu
reden. Es dauert nicht lange, bis die Antwort da ist. Natür-

lich, schreibt der Missionspfarrer. Er schlägt den Pfingstmontag vor. Ausgerechnet Pfingsten, der Tag, als nach der biblischen Erzählung die Apostel berufen wurden. Nur – zu was möchte ich mich denn bekennen?

Ein paar Tage zuvor habe ich Miriam Hinrichs getroffen. Ich hatte sie angeschrieben, weil ich ihre Glaubensgeschichte so bemerkenswert fand. Miriam ist Moderatorin bei »Gott sei Dank«, das ist eine Sendung, die vom christlichen Sender ERF produziert wird. Man kann die Sendung im Internet oder bei bibel.tv sehen. Es ist eine kleine Talkshow mit Menschen, die ihren Glauben leben. Miriam ist den Leuten sehr zugewandt und professionell. Doch bevor sie moderierte, war sie Pop-Sängerin. Sie war auf Tour, war sogar in den Bravo-Charts vertreten. Wie kam sie von dort zu einem christlichen Medium? Gab es eine Läuterung? Eine Erleuchtung gar?

Als ich Miriam in einem Münchner Kaffee treffe und meine Fragen stelle, muss sie lachen. Sie meint, sie sei schon immer gläubig gewesen. Aber nicht gläubig im Sinne, dass man nur die christlichen Werte unterstütze, sondern in dem Sinne, dass das ganze Leben von Jesus erfüllt sei. Das irritiert mich, denn sie sieht nicht so aus wie eine der tief bekennenden Christinnen, die ich sonst kennengelernt habe. Keine ethno-inspirierte Kleidung, keine Holzperlenkette, keine Bänder im Haar, keine sonstigen Anzeichen alternativen Lebensstils. Sie kleidet sich sehr modebewusst, man sieht ihr an, dass sie Spaß daran hat, sich zu kleiden.

Miriam erklärt mir, dass sie in einer Jesus-Hippie-Familie aufgewachsen ist. Ihr Vater ist Pastor einer Freikirche, Jesus war das ganze Leben bei ihr gegenwärtig. Miriam hat sich einfach von ihrer Neugier durchs Leben tragen lassen. So war es mit dem Singen, und so war es später mit den Fernsehmoderationen, für die sie vorsprach, nachdem ihre Plattenfirma pleitegegangen war. Sie war schon immer musikalisch gewesen und redet gerne mit Menschen. Miriam hatte einfach nie Angst, sich auf etwas Neues einzulassen.

Ich frage sie, wie diese Gegenwart Gottes für sie spürbar wird. Sie erzählt mir aus ihrer Kindheit. Ihre große Schwester, die schon mehr in die Gemeinde integriert war, erzählte ihr davon, wie sie Jesus gespürt habe. Da sei sie vielleicht sechs Jahre alt gewesen. Sie sei in den Keller gegangen, fiebrig und wütend, und habe von Gott gefordert, dass er sich ihr zeigen solle. Da habe sie zum ersten Mal seine Präsenz gespürt. Ganz tief, ganz innig. Sie muss dabei so alt gewesen sein wie ich, als ich Gott auf die Probe stellte, meine Salzteigfigur zu reparieren. Wie verschieden doch Erlebnisse mit Gott als Kind sein können, denke ich mir.

Sie fragt mich, ob ich denn die Gegenwart Gottes kenne, ob mir Gott auf meine Gebete antwortet. Nein, sage ich, Gott antwortet nicht. »Gott wird antworten«, sagt Miriam. »Er hat einen Weg für dich erdacht.«

Ich frage sie, wie sie betet. Sie betet immer, sagt sie. Kleine Gebete, die ihr unterwegs einfallen. Was sie sich für andere wünscht oder einfach Gespräche mit Gott. Am liebsten aber betet sie zusammen mit ihren Geschwistern. Sie spielt Gitarre, und alle zusammen singen spontane Gebetzeilen. Gott ist für sie die reine Wonne, ein Quell der Freude und der Hoffnung. Jesus passt auf sie auf. Es war nie anders. Nach unserem Treffen wird sie zu einem Lobpreissingen gehen.

Als wir uns trennen, sagt sie, dass es sie wirklich gefreut habe, mich zu treffen. Und ich weiß, dass sie es ernst meint. Man erkennt es an ihrem Gesicht, welche Freude in ihrem Leben ist. Ich beneide sie, wie unverstellt sie lächeln kann. Was immer Gott ihr gibt, es tut ihr gut. Sie tut den Menschen gut. Aber ich werde nie so sein wie sie.

Ich muss meinen eigenen Weg finden, was immer der auch sei.

Allerdings gibt es ja auch noch konkrete Dinge zu tun. Es gibt ein Treffen mit dem neuen Vikar Alexander, mit dem ich mich künftig um die Öffentlichkeitsarbeit der Gemeinde kümmern soll. Wir treffen uns zum Kennenlernen in einem

Café in Kreuzberg. Aus der Nähe betrachtet ist Alexander gar nicht mehr so jung. Wir reden dann gar nicht über die Öffentlichkeitsarbeit, sondern über den Glauben. Ich frage Alexander, wie er zum Christentum kam. Er muss lange nachdenken. Er erzählt, dass er nicht christlich erzogen worden sei. Seine Eltern hätten ihn nicht einmal taufen lassen. Sie hätten gemeint, er solle sich das selbst aussuchen. Für ihn habe die Religion auch erst einmal keine Bedeutung gehabt. Dann habe er sich als Teenager für Okkultismus interessiert. Für Geisterglauben und dergleichen. Da seien auch Leute um ihn herum gewesen, die dem Wicca-Kult angehört hatten. Die hätten nachts nackt im Wald getanzt. Das habe ihn aber nie interessiert. Er sei ein nachdenklicher Junge mit spirituellen Interessen gewesen, sagt er. Aber alles, mit dem er sich beschäftigt habe, habe ihn nicht weitergebracht. Schließlich habe er probiert, zu Gott zu beten. Zum dreifaltigen Gott. Und dieses Gebet habe für ihn funktioniert wie nichts anderes. Es sei so gewesen, als sei endlich mal jemand ans Telefon gegangen bei all seinen Anrufen. Das Gebet sei für ihn wahrhaftig gewesen. Also habe er sich taufen lassen. Er habe sogar seine eigene Tauffeier gestaltet. Mich erstaunt die Geschichte. Bislang hatte ich nur Menschen getroffen, die entweder in einer christlich geprägten Familie aufgewachsen waren oder durch Schicksalsschläge zum Nachdenken gekommen waren. Aber Alexander kam einfach zu Gott, indem er über Gott nachgedacht hat. So wie man ein Abo abschließt vielleicht. Alexander ist nicht sehr groß, nicht sehr stattlich, vielleicht nicht der Typ, dem das Leben ungefragt alles zuwirft. Aber er ist auch nicht die Art Mann, von dem man gleich ahnt, dass das Leben ihm superhart mitspielt. Alexander sagt nie dumme Sachen, er ist ein Mensch, der zugewandt ist und zuhören kann. Man würde nicht auf die Idee kommen, dass er Pfarrer werden möchte. Ich frage ihn, wie er Theologe geworden ist. »Ich habe mich einfach gefragt, was ich werden möchte.« Er rede gerne mit Menschen, denke gerne über das Leben nach, helfe gerne, und es mache ihm sogar Spaß zu singen. Pfarrer schien da eine glaubhafte Option. Das erstaunt mich. Man wird einfach so Pfarrer, wie man Beamter wird. Der Beamtenstatus des Berufes sei natürlich auch attraktiv, meint Alexander. Er habe mit seinem Taufpfarrer geredet und einen Lektorenkurs gemacht, also einen Laienkurs, der einem zum Halten von Gottesdiensten ermächtigt. Danach habe er gewusst, dass er Pfarrer werden wolle. Ich frage ihn, ob er in seinem Umfeld auf Ablehnung stoße. Alexander meint, die meisten fänden es eher interessant. Ich frage ihn, was für ihn an der christlichen Botschaft wichtig sei. Er antwortet, wenn man versuche, einfach nur ein gutes Leben zu führen, dann erscheine es einem immer als unperfekt. Es solle immer irgendwie besser werden. Man laufe dem Guten immer hinterher. Die Botschaft des Christentums sei umgekehrt. Das Gute läuft uns hinterher, das Gute erreicht uns. Nicht der Tod ist das, was siegt, sondern das Gute. Das Gute regiert.

Nachdem ich mich von Alexander verabschiedet habe, denke ich darüber nach, mit welchen Menschen in meinem Umfeld ich mich eigentlich in dieser tiefen Weise unterhalten kann.

Miriam und Alexander sind beide überzeugte Christen. Beiden hilft ihr Glaube im Leben. Und doch glauben sie auf völlig unterschiedliche Weise. Miriam, indem sie ihren Glauben mit Freude und Gesang teilt. Alexander, indem er über Gott sinniert. Ich meine, ich kann auch meine eigene Art zu glauben haben. Bislang hatte ich die Vorstellung, dass ich ein Hindernis in mir ausräumen müsste, um Kraft im Glauben zu finden. Vielleicht sind die Zweifel, die ich habe, auch mein eigener Weg. Wenn es Gott gibt, dann muss er das aushalten.

Vor allem, spüre ich, muss ich mehr darüber sprechen. Auch wenn das nicht einfach ist. Glaubensfragen sind Fragen, die man nicht so einfach mit seinen Freunden diskutieren kann. Fast niemand aus meinem Freundeskreis ist wirklich christlich. Ich bewege mich zwischen Agnostikern,

Atheisten und Leuten, die sich noch nicht einmal darum Gedanken gemacht haben.

Ich habe nur einen einzigen Freund, mit dem ich über Themen wie diese reden kann. Weil ich von ihm weiß, dass er sich selbst stark damit auseinandergesetzt hat. Juha ist Finne, und mit Finnen kommt man am besten zurecht, indem man mit ihnen trinkt und dabei über das Leben redet. Ich habe so erfahren, dass Juha mehr als zehn Sprachen spricht. Und dass er, bevor er Journalist und später Architekt geworden war, Theologie studiert hat.

Ich treffe mich mit Juha. Wir trinken Lagavulin, unseren Lieblingswhisky. Ich frage Juha, warum er nach seinem Theologiestudium nicht Pfarrer geworden sei. »Weil ich studiert habe«, sagt Juha. »Ich habe die Bibel gelesen und bin zu dem Schluss gekommen, dass ich keiner Gemeinde erklären kann, dass dies das Buch der Wahrheit sein soll. Es ist reines Flickwerk, voller Widersprüche.« Ich denke zum ersten Mal daran, dass man tatsächlich den Anspruch an die Bibel haben könnte, sie solle »die Wahrheit« enthalten. Das erscheint mir typisch für Juha: Er nimmt die Dinge sehr ernst. Juha nennt ein Beispiel: Im Lukasevangelium stehe, dass ein Engel Maria die Geburt des Heilands ankündige. Bei Lukas sei aber auch zu lesen, dass Jesus seine Eltern darüber habe aufklären müssen, dass er der Sohn Gottes sei. Hatten seine Eltern nach all dem Bohei mit Engeln, Hirten und Weisen aus dem Morgenland also vergessen, dass sie die ganze Zeit Gottes Sohn aufziehen? »Ich hätte keiner Gemeinde erzählen können, die Bibel sei wahrhaftig. Ich hätte ständig das Gefühl gehabt, ich würde die Menschen anlügen.«

Ich finde, er nimmt die Sache zu genau. Für mich ist die Bibel eher so ein Buch wie Grimms Märchen. Erzählungen ohne entscheidenden Wahrheitsgehalt, aber einer wichtigen Moral. »Die Botschaft mit der Liebe war doch zu Jesu Zeiten revolutionär«, versuche ich einzuhaken. Das gehe auch ohne Wahrhaftigkeit, wobei doch schon die Hauptgeschichte des neuen Testaments unwahrscheinlich sei. »Was ich nur nicht verstehe, ist der Quatsch mit der Auferstehung«, sage ich. »Warum mussten die da noch einen draufsetzen, nur damit die Geschichte ein Happy End hat?« Jetzt ist Juha plötzlich hellwach. »Ohne die Auferstehung hätte es nie ein Christentum gegeben. Ich selber weiß nicht, ob die Auferstehung wirklich stattgefunden hat, mein Hirn sagt mir, dass es eher nicht der Fall war.« Er schenkt uns beiden Whisky nach. »Aber es ist eine historische Tatsache, dass die Jünger Jesu davon überzeugt waren, dass er auferstanden ist. Ohne diesen Urknall sind die Ereignisse von damals gar nicht zu erklären.« Jetzt verstehe ich gar nichts mehr: »Du meinst also, dass ein zu Tode gefolterter Jesus wieder von der Bahre aufsteht und danach ins Himmelreich entschwebt – das ist nicht nur Legende?«

Im Schnelldurchgang führt mich Juha in die redaktionskritische Untersuchung des Markusevangeliums ein. Das war das Thema seiner Magisterarbeit. Das Markusevangelium habe ich gelesen. Aber was eine redaktionskritische Untersuchung ist, weiß ich nicht. Juha klärt mich auf, dass es eine Technik ist, mit der man historische Quellentexte untersucht. Die Redaktionskritik geht von der These aus, dass scheinbar logische Zusammenhänge oft konstruiert seien. Der Erzähler möchte Lücken in einer Überlieferung schließen und erfindet deswegen Erklärungen, die möglichst glaubwürdig klingen sollen. Die Geschichte vom reichen Bürger Jerusalems, der dem Gekreuzigten sein Grab stiftet – das sei möglicherweise so eine Notlüge. Wenn Jesus als Querulant ans Kreuz geschlagen worden sei – eben eine der grausamsten Hinrichtungsmethoden –, dann sei es wohl wahrscheinlich, dass er einfach in ein Massengrab geworfen wurde. »Die Geschichte mit der schönen Grabkammer wurde vielleicht eingefügt, weil es für die Evangelisten so peinlich war, dass sie nichts über Jesu Grab wussten. Ganz anders die Erzählung, dass es Frauen waren, die Jesu Hinrichtung beiwohnten und die auch nach seinem Leichnam suchten. Sie wollten wissen, wo er verscharrt wird. Frauen galten damals

als Zeugen überhaupt nichts. Das hätte niemand erfunden. Das ist wahrscheinlich ein historischer Fakt.« Langsam verstehe ich, was jene Redaktionskritik bedeutet: Keiner erfindet etwas, was einem ohnehin niemand glauben würde. Erfindungen müssen sich glaubhaft anhören. »Du meinst also, die Auferstehung ist eine solche Räuberpistole – die muss einfach wahr sein?« Juha schaut mich enttäuscht an. »Hast du dich denn nie gefragt, warum nie von den Jüngern die Rede ist, die am Kreuze standen?« Das habe ich mich tatsächlich noch nie gefragt. Juha wartet eine Antwort aber auch nicht ab. »Es waren keine da. Alle Jünger waren geflohen. Sie hatten Angst, auch gefasst zu werden, es war aus und vorbei.« Juha erzählt, dass Jesus wohl ein Wanderprediger wie so viele gewesen war, der das nahende Himmelreich angekündigt hatte: den Weltuntergang. Die Jünger, einfache Fischer aus Galiläa, folgten ihm, weil sie glaubten, ihre Existenz sei ohnehin verloren. Nur wenn sie mit Jesus gehen würden, ließen sich ihre Seelen retten. Sie folgten diesem Mann also nach Jerusalem. Dort muss Jesus dann den Mund ein wenig zu voll genommen haben. Die römischen Besatzer verstanden offenbar keinen Spaß, wenn sich jemand zum König der Juden ausrief. Der Prophet wurde also festgenommen, gefoltert und zur Abschreckung ans Kreuz genagelt. Seine Anhänger aber habe vermutlich Panik ergriffen. Das Himmelreich war nicht gekommen, ihr Prophet war tot. Sie waren in einer feindlichen Umgebung. Für sie war die Geschichte aus. Sie wollten einfach nur so schnell wie möglich nach Hause. Also flohen sie zurück nach Galiläa.

»Und irgendetwas ...«, jetzt ist Juha so präsent, als leuchte etwas in ihm, »irgendetwas muss sie dort nach ihrer Flucht sehr überrascht haben. Irgendeine Erscheinung, vielleicht die Auferstehung, vielleicht etwas anderes. Aber es muss so eindringlich gewesen sein, dass aus desillusionierten Flüchtenden begeisterte Apostel wurden.« Er schließt:

»Ohne Auferstehung hätte es das Christentum nie gegeben, so viel steht fest. Wir hätten nie davon erfahren. Die Geschichte, dass Jesus von den Toten wiedergekehrt war, wurde aber noch Jahrzehnte später erzählt. Die Evangelien wurden ja erst nach der Zeit der Zerstörung Jerusalems geschrieben.« – »Warum eigentlich?« – »Die Anhänger von Jesus waren der Überzeugung, dass der Messias bald kommen würde, dass der Weltuntergang kurz bevorstünde. Sie warteten. Als im Jahr 70 die Römer Jerusalem eroberten und den Tempel zerstörten, war das für die damalige Vorstellung der Menschen der Weltuntergang. Aber der Heiland kam nicht. Da dämmerte den Christen erst, dass sie die Geschichte von Jesus aufschreiben sollten, weil es lange dauern würde, bis er kommen würde.« Jetzt ist mein Freund wieder sehr ernst. »Gewissermaßen warten wir immer noch.«

Ich muss noch lange an diesen Abend denken. Denn ich habe die Geschichte von Jesus Christus nie als etwas ernsthaft Historisches gesehen. Nicht als etwas, das sich wirklich so zugetragen haben könnte. Doch die Botschaft von Juha ist klar. Die Auferstehung von Christus ist nicht etwas, das man sich im Nachhinein über Jesus erzählt hat, sondern etwas, das die Menschen zu seiner Zeit tatsächlich erlebt haben.

Wenn es nämlich tatsächlich eine Auferstehung gegeben hat, dann gibt es auch ein Jenseits. Wenn es ein Jenseits gibt, dann hat das Diesseits, das Leben, das wir führen, einen anderen Sinn. Und dann bekommt das Glaubensbekenntnis im Gottesdienst eine andere Bedeutung für mich. Ich finde, es wird Zeit für ein eigenes Glaubensbekenntnis.

Als ich am Pfingstmontag vor der Kirche von Nienstedten in Hamburg aus dem Taxi steige, sind die meisten Gottesdienstbesucher schon auf ihren Plätzen. Es ist eine kleine Kirche, aber ausgesprochen hübsch. Ein Fachwerkbau aus dem 18. Jahrhundert mit einem massiv gebauten Turm, den ein hölzerner Dachstuhl krönt. Der Innenraum ist hell, es fällt viel Licht durch die großen, klaren Fenster. Der Altar ist mit einem von da Vincis letztem Abendmahl inspirierten Gemälde verziert. Überall Blumenschmuck. Cremefarbene Rosen mit Schleifen fassen den Mittelgang ein. Zartrosa Pfingstrosen stehen auf dem Altar. Später werde ich erfahren, dass dies alles Hinterlassenschaften einer Hochzeit sind, die am Vortag war. Nun aber kommt es mir gerade so vor, als sei die Blumenpracht eben für diesen Moment bestellt. Für eine Kirchenwelt, die völlig intakt ist, wo alles in bester Ordnung ist. Nienstedten ist einer der reichsten Stadtteile Hamburgs. Hier herrscht das gehobene Bürgertum, hier gehört es noch zum guten Ton, sonntags in der Kirche zu sein.

Der Pfarrer der Gemeinde heißt mich mit einem kräftigen Händedruck willkommen, er wird den Gottesdienst heute zusammen mit dem Pastor der Missionsakademie leiten. Ich halte mich fest an den zwei DIN-A4-Seiten in meiner Hand, auf die ich meine Gedanken geschrieben habe. Ein Text über Glaube und Zweifel. Ich halte mich fest an den Worten, die ich heute irgendwie bekennen möchte. Wir wechseln ein paar freundliche Sätze, dann setze ich mich in die erste Reihe neben den Missions-Pfarrer, der schon auf mich gewartet hatte, direkt vor den Altar. Ich blicke mich um und sehe die Gemeinde. Ältere Damen und Herren, einige Junge sind auch dabei. Nicht unbedingt die Art von Menschen, die Überraschungen in ihrem Gottesdienst schätzen. Mir wird auf einmal sehr heiß. Am liebsten würde ich aufstehen und aus der Kirche eilen. Was mache ich nur hier? Es ist eine komplett andere Art von Kirche und Gemeinde, als ich aus Berlin kenne. Hier haben die Menschen andere Sorgen, als sich mit Zweifeln um ihren Glauben zu plagen. Es geht los, die Orgel spielt. Ich blicke auf das Liederblatt. Es ist betitelt mit »Pfingstgottesdienst Glauben und Zweifeln«. Das erste Lied erkenne ich schnell. Es ist »Lobet den Herren«, mir steigen die Tränen in die Augen. Dass letzte Mal, als ich es in einem Gottesdienst hörte, war, als ich spontan an jenem Sonntagmorgen aufgestanden und in die Kirche gestolpert war. Was ist seitdem alles passiert. Was für schreckliche Verluste, was für neue Erkenntnisse. Jetzt singe ich wieder: »Kommet zuhauf, Psalter und Harfe wacht auf«, und es kommt mir vor, als sänge ich es in einem anderen Leben.

Während die Liturgie ihren Lauf nimmt, folgen meine Augen den Lied- und Textzeilen bis zu meinem Einsatz wie einem Countdown. Der Pfarrer nickt mir zu, ich bin dran. Ich gehe auf das Rednerpult mit Mikrofon zu und muss es erst einmal einrichten, damit ich sprechen kann. Ich blicke in viele Gesichter. Manche erwartungsvoll, andere stoisch ertragend, manche abwesend. Ich lege mir das Manuskript auf dem Pult zurecht und hätte gerne noch irgendetwas zu tun, bevor ich sprechen muss. Aber da ist nichts.

Also spreche ich:

»Guten Tag.

In der Bibel steht, dass an Pfingsten der Heilige Geist auf die Jünger niederkam und sie so befähigte, über Gott zu sprechen. Wenn mir dies heute auch gelingt, können Sie das als eine Art Pfingstwunder ansehen, denn heute stehe ich zum allerersten Mal in meinem Leben vor einer Gemeinde, um über meinen Glauben zu reden.

Ich glaube an Gott – und ich zweifle.

Es ist noch nicht lange her, da hat Gott für mich keine große Rolle gespielt. Er war so eine Art Onkel, bei dem man mal zu Weihnachten vorbeischaut. Gott erschien mir wahnsinnig abstrakt. Und mein Leben war hingegen sehr, sehr konkret.

Ich arbeite als Modekritiker bei einem Magazin. Ich weiß gar nicht, ob man etwas Weltlicheres als Beruf betreiben kann. Alles dreht sich in meiner Welt um Äußerlichkeiten, nicht um Inneres. Alles ist Trend, nichts ist ewig. Und ich bewege mich viel unter Menschen, die nicht glauben. Ich denke, viele Menschen in meinem Alter würden von sich sagen, dass es ihnen nicht leichtfällt, an Gott zu glauben. Wir leben in einer Welt, die von Bildern bestimmt ist, die beherrscht wird von Instagram und Facebook. Heute muss man sich von allem ein Bild machen und es teilen. Es gibt genug, die nicht in einem Restaurant essen können, ohne zuvor ein Bild von ihrem Teller gemacht zu haben, das sie an ihre Freunde schicken können. Erst wenn ein Erlebnis irgendwie bildhaft wird, wird es real. Erst dann ist es für uns echt.

Doch wie soll man da an etwas glauben, von dem man sich kein Bild machen kann? Man kann von einer Begegnung mit Gott kein Selfie machen.

Und die meisten Menschen kommen offenbar ganz gut durch ihr Leben, ohne zu beten, ohne in die Kirche zu gehen, ohne zu singen. Es fehlt ihnen scheinbar an nichts. Jedenfalls nicht am Zuspruch Gottes.

Und so ging es mir eigentlich auch. Bis ich vor nicht sehr langer Zeit einen schrecklichen Verlust hinnehmen musste, ich habe einen sehr lieben Menschen verloren, er verstarb plötzlich innerhalb von drei Monaten, verschwand aus dem Leben. Und plötzlich war es für mich keine abstrakte Frage mehr, ob es Gott, ob es ein Jenseits gibt. Plötzlich brauchte ich ihn. Und ich begann zu beten.

Ich betete stümperhaft. Und ich bete noch immer stümperhaft.

Denn Glauben ist nicht einfach. Ich bewundere Menschen, die ein tiefes Verständnis davon haben, dass wir als Existenzen nicht in einen chaotischen Raum geworfen werden, sondern dass es etwas Höheres gibt. Etwas, das allem Sinn gibt, auch den schrecklichen Dingen. Es ist tröstlich, das anzunehmen. Aber es ist auch schwer, das zu glauben.

Das ist eine Frage, die mich umtreibt: Wie kann man glauben, ohne sich gleichzeitig naiv vorzukommen? Wie kann man glauben, ohne gleichzeitig alles zu verneinen, was man gelernt und erfahren hat? Wie kann ich glauben in einer Welt, die so sehr weltlich ist wie unsere? Ich meine, es gibt nicht den einen Weg zum Glauben, jeder muss seinen eigenen Weg finden. Die Bibel selbst ist voll von Geschichten des Zweifels. Der Saulus, der zum Paulus wurde, oder der Jünger Thomas, der an der Auferstehung Christi zweifelte. An manchen Stellen der Bibel gefällt mir der Umgang mit den Zweiflern nicht. Da ist diese Bibelszene vom See Genezareth im Matthäus-Evangelium. Jesus schläft im Boot, ein Sturm kommt auf, die Jünger haben Angst. Sie wecken Jesus. Der bringt die Wetter zum Schweigen und schilt dann seine Jünger. Warum seid ihr furchtsam? Habt ihr noch keinen Glauben?

Ich mag dieses Bild vom Boot. Denn ich habe selbst erlebt, wie ein Gebet einen Sturm, der in einem tobt, beruhigen kann. Aber ganz ehrlich: Ich hätte auch Angst gehabt auf so einem Boot. Denn es ist ja auch richtig, in einem Boot Angst zu haben, das im Sturm zu kentern droht. Und es ist übermenschlich, einfach darauf zu vertrauen, alles werde schon gut gehen. Ich hätte den Glauben nicht gehabt. Ich finde, Jesus hat überreagiert.

Ich glaube, aber ich zweifle auch. Und ich möchte hier ein kleines Plädoyer für den Zweifel halten. Ich meine, der Zweifel ist vom Glauben nicht zu trennen. Der größte Zweifler im Neuen Testament ist Judas. Sein Zweifel treibt ihn zum Verrat, und so bringt er Jesus ans Kreuz. Was aber wäre passiert, wenn Judas Jesus nicht herausgefordert hätte? Dann würden wir wohl das Wunder der Auferstehung nicht kennen.

Es gibt viele Orte, wo ich mir mehr Zweifel wünsche, auch in der Religion. Ich war in Israel in den besetzten Gebieten in Hebron. Ich habe dort die jüdischen Siedler gesehen, die überzeugt sind, dass sie neben dem Grab Abrahams siedeln dürfen. Diese Menschen haben in jeder Hinsicht einen festen Glauben. Ganz genauso die Palästinenser, die fest daran glauben, dass die Juden dort nichts verloren haben. Ich hatte zuvor mit einem Israeli gesprochen, der sich selbst als Atheist bezeichnete. Er meinte, je religiöser die Stimmung in Israel werde, desto aggressiver werde sie. Wie darf das sein?

Ich möchte eine These wagen. Es ist ein Unterschied, ob man glaubt – oder glaubt, dass man es weiß. Wer glaubt, dass er es besser weiß als andere, glaubt auch leicht, dass er eine besonders tiefe Einsicht hat, die ihn über andere Menschen stellt. Wenn man sich auf Gottes Willen beruft, kann man ja mit nichts, was man tut, falschliegen, oder? Wir können viel Grausames sehen, was Menschen einander antun, weil sie denken, dass ihr Handeln von einer höheren Moral gedeckt wird. Weil sie angeblich einen unerschütterlichen Glauben an etwas haben. Oder weil sie keinen Zweifel zulassen. Deswegen ist Zweifel nicht Abwendung, für mich bedeutet er vor allem Demut.

Mir sind selbst Menschen viel lieber, die an ihren Werken zweifeln. Die annehmen, dass sie mit dem, was sie tun, falschliegen könnten. Die andere Meinungen schätzen.

Und so geht es mir auch mit den Menschen, die glauben zu wissen, was Gottes Wille ist. Können wir das denn? Für wen halten wir uns? Sicher, der Wille Gottes steht in der Bibel, in der heiligen Schrift. Aber auch die Bibel widerspricht sich an etlichen Stellen. Es ist ein Buch, das sich auf Gottes Werke, das Leben Jesu und auf seine Taten einen Reim machen will. Sie ringt mit sich. Darin liegt für mich die Kraft der Bibel. Es macht sie menschlich. Das mag ich an ihr. Deswegen kann man sie immer wieder neu lesen.

Und was weiß ich? Ich weiß nichts. Ich kann nur sagen, was für ein Gefühl ich von Gott habe. Gott steht über Raum und Zeit. Gott ist ein Teil von uns, und wir sind ein Teil von ihm. So wie Kinder die Anlagen ihrer Eltern in sich tragen.

Am nächsten fühle ich mich Gott, wenn ich mich selbst ihm nähern kann wie ein Kind. Staunend und hinnehmend. Ich glaube. Ich glaube, denn ich will glauben. Ich finde die Vorstellung, dass die Welt, in der wir leben, nur Zufall und Chaos ist, zu trostlos, als dass ich sie für wahr halten könnte. Ich glaube, dass es einen Sinn gibt, einen Sinn, in dem wir alle geborgen sind. Einen Sinn, der höher ist als das, was wir begreifen können. Ich denke, Glaube ist ein Weg mit vielen Irrungen. Und ich hoffe, Gott wird mich und uns alle auf diesem Weg begleiten. Amen.«

Das war's. Ich gehe zu meinem Platz zurück. Es war, was ich zu sagen hatte, mein Bekenntnis zum Glauben, mein Bekenntnis zum Zweifel. Nun gibt es kein Zurück mehr auf meinem Weg, denn ich habe es ausgesprochen – ganz egal, wer es gehört hat.

Als ich nach dem Gottesdienst an der Kirchenpforte stehe, um die Gottesdienstbesucher zu verabschieden, kommt eine alte Frau auf mich zu und greift meine Hand. »Danke«, sagt sie, »danke, dass Sie das mal ausgesprochen haben. Wir zweifeln doch im Grunde alle.«

Der Pfarrer der Missionsakademie fragt, ob wir noch ein bisschen an der Elbe spazieren gehen wollen. Wir flanieren durch das verschlafen-dörfliche Nienstedten. Am Himmel ziehen ein paar Zirruswolken. Die Rhododendren blühen in kräftigem Lila, durch das Laub der Bäume an der Uferböschung kann ich das Wasser glitzern sehen. Das ist alles so gut.

17 DAS GRAB

Ich bin nun öfters auf Friedhöfen unterwegs. Wenn ich über Friedhöfe schreite, bin ich gleichsam in der Geschichte der Menschheit unterwegs. Und ich bin den Menschen nahe, die ich verloren habe. Menschen wie mein Großvater; Menschen wie mein Freund. Ich befinde mich unter Leuten, die alle tot sind, aber nicht weg. Ich kann ihre Namen lesen, sie sind in die Geschichte eingeschrieben. Es liegen reiche Menschen neben armen Menschen. Auf dem Friedhof sind alle gleich. Ich meine, das hat etwas Tröstliches, immerhin zeigt es, dass kein Mensch aus dem Menschlichen ausbrechen kann. Wir haben ein Leben, und dieses Leben endet irgendwann, dann verfallen unsere Körper. Es wird uns alles genommen, was wir uns von der Welt geliehen haben, und es bleibt, was wir ihr geschenkt haben.

Das Schöne an den Berliner Friedhöfen ist, dass hier Gräber alle Formen annehmen dürfen. Man kann seinem Ahn das Steuerrad seines Segelschiffes auf das Grab pflanzen oder eine Statue oder einen Stein mit einem schönen Bild. Gerade das macht die Friedhöfe so lebendig. Die Gräber sind wie eine Cocktailparty. Ständig sieht man jemanden, von dem man gerne mehr wüsste, weil ihm so interessant gedacht wird.

Wo man geht und steht, trifft man Prominente. Auf dem Lichtenberger Friedhof sind die Gräber von Rosa Luxemburg und Karl Liebknecht. Ganze Kadergenerationen trachteten danach, einmal in der Nähe dieser Helden ruhen zu dürfen. Da war es ganz egal, dass man nicht an Gott glaubte. Man plante trotzdem für das ewige Leben. Oder man nehme den Dorotheenstädtischen Friedhof. Dort liegen Hanns Eisler, Bertold Brecht und John Heartfield, der Collagen-Künstler, der die beeindruckendsten Hitler-Karikaturen aller Zeiten geschaffen hat. Ihre Gräber sind schlicht, als wollten sie als Linke jedem Totenkult entgehen, indem sie sich nur kleine Steine hatten setzen lassen. Man nehme den Invaliden-Friedhof, wo Manfred Freiherr von Richthofen begraben wurde, der tollkühne Jagdflieger. Auf seinem Grabstein steht unter seinem Namen »Der Rote Baron«. Und auf dem Friedhof vor dem Halleschen Tor liegt Carl von Siemens, dessen Name heute viele auf ihrem Wäschetrockner stehen haben. Das Grab besteht aus weißen Marmorplatten, die auf einem grünen Bett ruhen. Die Statue eines Engels wacht.

Der Friedhof, auf dem mein Freund ruht, ist auf einem Hügel angelegt worden. Das gibt ihm etwas Erhabenes, als throne er über der Stadt. Zu den Gräbern steigt man den Berg hoch, das gibt einem gleich das Gefühl, man nähere sich dem Himmel. Manche Gräber sind verfallen, andere werden liebevoll gepflegt. Es gibt Mausoleen, die nur noch Ruinen sind. Und es gibt Gräber, die kleine Kunstwerke sind. Solche, in die kleine Gesichter eingemeißelt sind. Grabmale, von denen die Liebe der Menschen abstrahlt, der Menschen, die verlassen wurden. Nun sind jene Verstorbenen Nachbarn meines Freundes. Es sind auch einige Prominente darunter. Ich hoffe, das gefällt ihm.

Mehr als ein Jahr war die Grabstätte meines Freundes nur mit Blumen bestückt. Nun soll sie einen Stein bekommen. Vielleicht braucht es so lange, um die Endgültigkeit seines Todes im Herzen aufzunehmen. Seine Frau hat liebevoll an den Ideen für den Stein gearbeitet. Er ist aus einem Gestein, das in der Nähe der Geburtsheimat meines Freundes vorkommt. Der Stein hat die Form einer Stele, sie soll einmal mit Rosen umrankt sein.

Für mich ist das Begräbnis eine der wichtigsten Kulturhandlungen der Menschen überhaupt. In keinem anderen Ritual wird die Würde des Menschseins so offenbar. Die Wertschätzung des Lebens, wenn man es aufgeben muss. Die Hingabe an die Ewigkeit. Ich kann kaum verstehen, warum immer mehr Menschen anonyme Begräbnisse wählen. In Berlin verwandeln sich deswegen manche Friedhöfe in

Parks. Zwischen den Gräbern klaffen immer größere Lücken. Die Menschen sterben, aber sie wollen kein Gedenken mehr, sie wollen ihre Urne in einem Wald begraben wissen oder im Meer versenkt. Aber ein Grab möchten sie nicht mehr. Dass ein Mensch kein Grab haben könnte, war früher eine schreckliche Vorstellung für die Hinterbliebenen. Denn das Grab war der Ort, wo der Mensch seinen Frieden finden sollte und wo man seinen Frieden mit dem Verstorbenen fand.

Ich finde das wichtig. Denn vielleicht verbringt man nach dem Tod viel Zeit im Gedenken anderer. In ihren Gedanken an einen, in den Ideen, die sie von einem übernommen haben. Und dieses Gedenken sollte einen Ort haben.

Ich erinnere mich an meinen Urgroßvater. Die Inschrift auf seinem Grab ist eine Antwort auf viele meiner Fragen. »Zwischen uns ist Gott«: Das ist der Satz, auf den mein Urgroßvater, der Missionar, sein Leben gegründet hat. Er hat sich ein ganzes Leben lang in seinem religiösen Schaffen anderen Menschen zugewendet. Und darin Kraft, Liebe und Frieden gefunden.

Religion ist keine spirituelle Kraft, die über uns schwebt, und auch keine feste Überzeugung. Sie ist das, was uns mit anderen Menschen verbindet. Wenn wir uns selbst in anderen erkennen können, dann können wir mit ihnen zusammen Dinge vollbringen, zu denen wir sonst nicht in der Lage gewesen wären. Wer für sich alleine handelt, wird immer begrenzt sein. Im Zwischenmenschlichen aber liegt das Göttliche. Nichts anderes kann gemeint sein, wenn davon die Rede ist, dass mit Jesus Gott zu den Menschen gekommen ist. Darum ist es vielleicht nicht entscheidend zu wissen, ob es Gott im Himmel gibt. Wichtig ist: Gibt es ihn zwischen uns?

Die Frau meines Freunds will Veilchen am Grab pflanzen. Veilchen aus dem Vorgarten des alten Hauses. Durch das Pflanzen wird die nasse Erde zu etwas Lebendigen. Menschen sterben und vergehen. Die Liebe zwischen ihnen, die

Zuneigung, wie sie zwischen meinem Freund und mir geherrscht hat, vergeht nicht.
Sie besteht, solange wir sie leben.
Sie währt vielleicht sogar ewig.

18 DIE TAUFE

Als ich in der Kirche der Taborgemeinde, einer Nachbargemeinde von St. Thomas, ankomme, ist Alexander schon da. Er sitzt da am runden Tisch im Vorraum der Kirche, um ihn herum die Pfarrerinnen und Pfarrer der anderen Gemeinden in Kreuzberg. Der gastgebende Pfarrer der Taborgemeinde steht daneben und malt mit Edding das Wort »Gemeinsame Öffentlichkeitsarbeit« auf ein Flipchart. Wir sind alle zu diesem Treffen gekommen, um zu besprechen, wie eine gemeinsame Öffentlichkeitsarbeit der Gemeinden in diesem Teil Berlins aussehen könnte. Denn alle Gemeinden haben ähnliche Probleme. Sie haben immer weniger Mitglieder, aber jede Gemeinde pflegt weiterhin ihre eigenen Informationsblätter, die unter Aufwendung aller Kräfte hergestellt werden. Nun soll besprochen werden, ob man die vielen kleinen Gemeindebriefe nicht zu einem gemeinsamen Gemeindebrief zusammenlegen könnte. So, dass die Kirchen in Kreuzberg mit einer Stimme sprechen können.

Marie-Luise hat uns gebeten, zu diesem Treffen zu gehen. Sie zählt zu den Initiatoren der Idee. Das passt gut zu ihr. Zupackend die Dinge anzugehen, die nicht für alle leicht sind. Mit Alexander habe ich eine Aufteilung unserer Arbeit für die Öffentlichkeitsarbeit gefunden. Er kümmert sich um das Internet und ich mich eher um die Belange eines Printmagazins. Alexander ist jemand, der sich mit viel Ruhe in sehr komplexe Fragen einarbeiten kann. Er weiß, wie mit der Software, die von der Landeskirche zur Verfügung gestellt wird, umzugehen ist. Er kennt all die Codes. Unter anderen Umständen hätten Alexander und ich nie zusammengefunden. Ich bin lauter, er ist stiller. Ich rede schnell von großen Ideen, er von vielen kleinen. Ich kann etwas in groben Zügen skizzieren, er hat ein Auge auf die vielen kleinen Schritte, die es braucht. Das unterscheidet uns, aber es gibt auch Dinge, die uns eint. Wir sind beide ziemlich gutmütige Typen, wir stehen nicht gerne im Mittelpunkt, und wir mögen es, wenn die Dinge besser werden. Im Nachhinein erscheint es mir lächerlich, dass ich glaubte, Alexander würde mir die Show stehlen. Im Ernst: welche Show? Wenn man für Gemeinden arbeitet, gibt es wenige Zuschauer und wenig Applaus. Die Zukunft der evangelischen Gemeinden in Berlin ist eher mager, aber es ist eine Zukunft, die sich lohnt.

Es kommen immer wieder neue Leute nach Kreuzberg – und unter diesen Menschen sind immer wieder solche, die gerne in eine Kirche gehen würden. Und diese Leute sollen sich informieren können. Das Treffen ist nicht unkompliziert. Alle Gemeinden haben ihren eigenen Charakter, wie soll der sich in einem gemeinsamen Gemeindebrief ausdrücken? Soll er eher ein Magazin mit Artikeln über das geistige Leben Kreuzbergs sein, ein Veranstaltungskalender oder eine Werbebroschüre für die Gemeinden? Ich versuche darzulegen, dass junge Familien, die nach Kreuzberg ziehen, nicht wissen, dass es ganz verschiedene kleine Gemeinden gibt. Sie identifizieren sich mit Kreuzberg 36 und suchen die Kreuzberg-Kirche. Und so sollten die Gemeinden ihnen auch entgegentreten. Aber das ist auch der schmerzliche Punkt. Immer wieder wird am Tisch vorsichtig über »künftige Kooperationen« gesprochen, die ja auch im Geiste einer gemeinsamen Stimme seien. Über allem schwebt der Gedanke an Gemeindezusammenlegung. Etwas, das überall in Deutschland schon so passiert. Und wenn Gemeinden zusammengelegt werden, stellen sich viele Fragen: Wo und wann findet der Gottesdienst statt? Welche Kirchen werden stillgelegt oder einer anderen Nutzung zugeführt? In Hamburg-Altona wurde eine Kirche zu einer »Kirche der Stille« umgewandelt, ein reiner Meditationsraum. Ist das auch eine Zukunft in Berlin Kreuzberg? Wann beginnen wir darüber zu reden? Dieser Schmerz liegt in der Luft am runden Tisch der Gemeinden. Aber immerhin, wir reden. Alexander und ich sind zu einem nächsten Treffen eingeladen. In wenigen Monaten soll es den Prototyp eines gemeinsamen Gemeindeblattes geben. Die Zukunft ist da, wir müssen sie nun gestalten. Und ich möchte die Zukunft meiner Kirche mitgestalten. Auch wenn sie bedeutet, dass ich vielleicht irgendwann in St. Thomas auf einem Meditationskissen sitze.

Wenige Tage später ruft mein Bruder an. Er lädt mich zu seiner Taufe ein. Ich soll sein Pate sein.

»Und du willst dich wirklich taufen lassen?«, frage ich, »also mit allem Drum und Dran?«

»Na ja, es gibt ja nur die eine Art, sich taufen zu lassen, mit Wasser über dem Kopf.«

»Ja, aber ich glaube, man kann heute alles Mögliche inszenieren, du kannst dich heute auch in einem Fluss taufen lassen oder so.«

»Hm, ich will mich ja in Darmstadt, wo unsere Eltern wohnen, taufen lassen, da fließt nur die Modau – und in der will ich mich lieber nicht taufen lassen, die ist ja nur knietief.«

»Ja, aber das Wasser ist immerhin nicht mehr farbig wie noch zu unserer Kindheit. Warum möchtest du dich denn gerne taufen lassen?«

»Denkst du, ich will das einzige von uns Geschwistern sein, das nicht in den Himmel kommt?«

»Unsere Mutter meinte ja immer, du wärest das christlichste von uns Geschwistern, obwohl sie dich nicht haben taufen lassen.«

»Öh ... ach, weißt du. Ich habe irgendwann angefangen, immer wieder mal zu beten. Und das hat mir geholfen. Und ich mag das Christentum – ich habe das Gefühl, das ist irgendwie mein Verein. Und Mutter freut sich.«

»Und ich soll dein Pate sein? Das ehrt mich ja sehr. Aber warum ich?«

»Wer denn sonst? Du bist der Einzige in meinem Umfeld, der das mit dem Christentum richtig ernst nimmt. Und außerdem bist du ja mein großer Bruder. Machst du es nun oder nicht?«

»Ja, klar mach ich das. Freut mich sehr, bin nur verwundert. Aber klar, ja.«

»Schön.«

»Ich glaube, wir müssen ein Taufvorgespräch führen.«

»Ach ja, wurde das mit dir auch geführt, als du getauft wurdest?«

»Da war ich ein Jahr alt!«

»Was müssen wir denn besprechen?«

»Ich glaube, wir müssen einen Taufspruch festlegen.«

»Ah, okay.«

»Ich habe gelesen, dass unser Urgroßvater das Amt des Paten als sehr wichtig angesehen hatte. Die Paten wurden einmal in Jahr geprüft und mussten bezeugen, dass sie den Täufling gut begleitet haben, falls nicht, wurden sie knallhart ausgetauscht.«

»Ja, du wirst dich ranhalten müssen, mein Lieber.«

»Ach, ich freu mich schon, wenn der Pfarrer mich fragen wird, ob ich auch dafür Verantwortung tragen werde, dass du ein guter Christ wirst, das wird ein super Moment!«

»Na prima, schön, dass du auch deinen Spaß hast. Ich hab übrigens einen Taufspruch.«

»Ja bitte?«

»Hesekiel 25,17: ›Der Pfad der Gerechten ist zu beiden Seiten gesäumt mit Freveleien der Selbstsüchtigen und der Tyrannei böser Männer. Gesegnet sei der, der im Namen der Barmherzigkeit und des guten Willens die Schwachen durch das Tal der Dunkelheit geleitet. Denn er ist der wahre Hüter seines Bruders und der Retter der verlorenen Kinder.‹ Und da steht weiter: ›Ich will große Rachetaten an denen vollführen, die da versuchen, meine Brüder zu vergiften und zu vernichten, und mit Grimm werde ich sie strafen, dass sie erfahren sollen: Ich sei der Herr, wenn ich meine Rache an ihnen vollstreckt habe.‹«

»Oh wow, woher hast du den denn?«

»Aus Pulp Fiction, die einzige Bibelstelle, die ich kenne.«

»Daran werden wir arbeiten!«

Ich freue mich, dass mein Bruder mich zum Paten macht. Obgleich es mich auch verlegen macht. Was habe ich denn gelernt, was ich ihm weitergeben kann? Was könnte ich ihm im Zweifel sagen, warum er glauben sollte? Ich setze mich hin und versuche es aufzuschreiben. Zehn gute Gründe für den Glauben.

1. Wir alle glauben, auch wenn wir meinen, nicht zu glauben.

Spätestens seit Arthur Schopenhauers »Welt als Wille und Vorstellung« wissen wir, dass der Mensch nicht die Fähigkeit der wahren Erkenntnis besitzt. Wir können die Welt nicht sehen, wie sie ist, wir können sie uns nur vorstellen. Wir ersinnen Modelle, mit denen wir versuchen, uns die Welt zu erklären. Aber letztlich sind all dies nur unsere Vorstellungen von der Realität. Wer behauptet, er halte sich nur daran, was sich beweisen lässt, verschließt die Augen davor, dass selbst unser Konzept von Raum und Zeit und die physischen Gesetze nur innerhalb eines bestimmten Bezugssystems Gültigkeit haben. Vieles, was vorigen Generationen als verbrieftes Wissen galt, betrachten wir heute als Aberglauben. Wir glauben nicht mehr daran, dass im Körper die Säfte Blut, Schleim, schwarze und gelbe Galle (Feuer) im Gleichgewicht gehalten werden müssen, dabei war die Temperamentenlehre einmal der Stand der Wissenschaft. Etliches, von dem wir heute fest ausgehen, wird sich einmal als falscher Glaube herausstellen. Wir können nicht exakt zwischen Wissen und Glauben unterscheiden, wir können es uns nur einbilden.

2. Glaube nimmt die Angst vor dem Tod

Unser Leben besteht aus lauter Annahmen, die jede für sich gar nicht begründet ist. Wir gehen davon aus, dass wir am nächsten Tag wieder gesund erwachen, das Büro erreichen, ohne einen Unfall zu erleiden, und die Menschen, die uns wichtig sind, wiedersehen. Wir treffen solche Annahmen, obwohl wir es nicht wissen können – und weil die mögliche Annahme des Gegenteils uns überfordern würden. Ohne es uns bewusst zu machen, gehen wir ständig davon aus, dass eine höhere Macht sich unserer gütlich annimmt. Ob wir sie nun benennen oder nicht. Und der Mensch kann auch nicht anders als glauben. Als einziges bewusstes Wesen auf der Erde weiß der Mensch um seine Endlichkeit, er kann sie sich aber nicht vorstellen. Wir können den Tod verdrängen. Aber überwinden können wir ihn nicht. Religiöse Vorstellungen sind fest mit der Geschichte des Menschen verbunden. Ständig sehen wir uns in Bezug zum Tod. So pflegt jeder Mensch seinen Glauben. Auch die Besessenheit von Fitness, Jugendlichkeit und gesunder Ernährung ist ein Glaube – und dient dazu, mit dem Wissen um die eigene Sterblichkeit zurechtzukommen. Sich mit der Vergänglichkeit auseinanderzusetzen, die Angst vor dem Tod zu bekämpfen und sich Vorstellungen über den Tod hinaus zu machen, ist etwas zutiefst Menschliches. Wir sollten uns dazu bekennen.

3. Gebete helfen

Wenn wir beten, bitten wir nicht nur Gott um Hilfe. Wir setzen uns auch mit unseren eigenen Wünschen und Ängsten auseinander. Wer betet, muss die Angst oder die Furcht, die er hat, erst einmal zulassen. Wer betet, muss sich der eigenen Hilflosigkeit bewusst werden. Und das ist schon viel mehr, als es die Menschen tun, die ihre Ängste nur verdrängen oder kompensieren wollen. Wer betet, muss sich nicht nur bewusst werden, was nicht im Leben stimmt, sondern auch, was er sich wünschen würde. Was möchte man? Welche Situation würde eine Verbesserung darstellen? Auch wenn Gott ein Gebet nicht erhört – so bereitet es doch auf jeden Fall darauf vor, sich selbst besser zu helfen. Und Gebete dienen nicht nur dazu, etwas von Gott zu fordern. Sie helfen auch, sich bewusst zu machen, was man schon hat. Die meisten Dinge, die wir für selbstverständlich hinnehmen, sind es nicht. Und häufig verstehen wir das erst, wenn wir sie nicht mehr haben. Partner, die sich um uns sorgen, die Nähe der Kinder, Gesundheit und Mobilität. Gebete helfen, diese Geschenke zu schätzen, wenn man sie noch hat. Sie helfen, das Leben besser zu genießen.

4. Das Christentum ist eine fortschrittliche Art zu glauben

Das Christentum ist eine gute Art zu glauben. Es hält uns an, uns um die Gemeinschaft zu sorgen, andere gut zu behandeln und die Verhältnisse für alle zu verbessern. Und zwar unabhängig davon, ob uns dies näher zu Gott bringt oder nicht.

Im Buddhismus beispielsweise ist man von dem Gedanken erfüllt, dass man für alles, was einem im Leben geschieht, selbst verantwortlich ist. Wer nicht glücklich ist, verdient es nicht, glücklich zu sein, weil er in einem früheren Leben Schlechtes getan hat. Im Grunde lebt man also für das nächste Leben und muss sich mit dem Hier und Jetzt zufriedengeben. Das mag in westlichen Ländern und wohlhabenden Kreisen weise klingen, in den armen asiatischen Ländern, in denen der Buddhismus beheimatet ist, bedeutet es die Zementierung der Gesellschaft. Man lehrt die Armen, dass sie tatsächlich alleine für Armut und Krankheit verantwortlich sind – und an ihren Umständen auch nichts ändern sollen. Die Urform des Buddhismus, der Theravada-Buddhismus geht davon aus, dass die wirkliche Selbsterkenntnis *nibbana* nur für einen kleinen Teil der Menschheit (nämlich buddhistische Mönche) erreichbar ist. Das hat der Buddhismus mit dem Hinduismus und vielen Religionen, die wir heute modern finden, gemein. Sie ziehen eine Linie zwischen Erleuchteten und Nichterleuchteten, zwischen Menschen, die dem Göttlichen näher sind, und solchen, die es nie erreichen können. Es gibt Bessere und Schlechtere. Dagegen sieht das Christentum mit der Ursünde ungewöhnlich egalitär aus. Weil Adam und Eva aus dem Paradies vertrieben wurden, haftet die Sünde an allen Menschen. Auch schon an denen, die erst einen Tag auf der Welt sind. Niemand ist frei davon, niemand kann sich davon reinwaschen, indem er Almosen spendet oder Kirchen baut. Niemand darf sich über andere erheben. Wir können nur um Vergebung bitten und auf Erlösung hoffen. Das macht alle Menschen gleich.

5. Glaube schafft Lust am Unsichtbaren

Die heutige Zeit zeichnet sich durch eine Unlust am Mysterium aus. Glauben hingegen ist die Lust am Mysterium. Unser Leben ist voller mystischer Dinge. Sie sind da, ohne dass wir sie sehen oder greifen können. Sie sind in unserem Leben, ohne dass wir sie verstehen können. Wir wissen nicht, warum es Kunst gibt. Wir wissen nicht einmal, warum es Musik gibt. Jeder weiß, was Musik ist, aber sie existiert nur in Verbindung damit, dass wir empfinden, dass es Musik ist. Wir wissen nicht, was ein Gedanke ist, wir wissen nicht einmal wirklich, wie der Tod vonstattengeht.

Ich habe neulich einen Artikel des Physikers Carlo Rovelli in der Financial Times gelesen. Es ging um theoretische Annahmen zur Zeit. Der Autor führte aus, dass sich die meisten Menschen keinen Begriff davon machen, was Zeit eigentlich ist. Wir nehmen an, sie vergeht gleichmäßig, weil wir es so empfinden. Doch seit Einsteins Relativitätstheorie ist bekannt, dass Zeit in Wahrheit dehnbar ist. Wir wissen noch immer nicht, was Zeit ist, nur dass sie auf jeden Fall nicht das ist, als was wir sie empfinden. Nun ist aber alles, was wir als real erkennen, an Raum und Zeit gebunden. Und in dem Moment, wo wir die Zeit nicht mehr definieren können, können wir auch nicht mehr den Raum bestimmen. Dieser Artikel ließ mich schockiert zurück. Besagte er doch, dass alles, was wir als gegeben annehmen, in Wirklichkeit nicht gegeben ist. Es sind unsere bloßen Annahmen über die Welt. In Wahrheit ist nichts gewiss.

Wir alle wissen, dass es Liebe gibt, aber wir können sie nicht physisch beschreiben. Selbst wenn wir alle chemischen Reaktionen, die im Gehirn ablaufen, korrekt beschreiben, dann könnten wir daraus noch nicht lernen, was Liebe ist. Wer glaubt, macht sich bewusst, dass er von Dingen umgeben ist, die er sich nicht erklären kann. Damit bringt er sich in einen realistischeren Bezug zur Umwelt als jemand, der das Unerklärliche ablehnt. Doch der Glaubende weiß noch mehr: nämlich, dass es auch eine andere Art der Erkenntnis gibt als die rationale, durch die man mit den Dingen des Lebens in Kontakt treten kann, die nicht dinglich sind.

6. Glauben gibt uns Zugang zu den eigenen Emotionen

Religion hat eine wichtige therapeutische Funktion. Der amerikanische Philosoph Stephen Asma sagt, dass das menschliche Gehirn aus drei Systemen besteht: das Reptilien-Gehirn, das für die motorischen Funktionen und die Instinkte zuständig ist. Dann ist da das limbische System oder Säugetier-Gehirn, das mit unseren Emotionen umgeht. Und schließlich der Neocortex, der sich relativ spät in der Evolution entwickelt hat. Im Neocortex werden die rationalen Erwägungen geboren. Religion ist irritierend für das rationale System. Denn Religion ist magisches Denken ohne

Beweiskraft. Für das emotionale Denksystem ist Religion hingegen heilsam, weil sie Ängste reduziert und Hoffnung gibt. Religion ist für Asma die bewährteste Methode des Emotions-Managements.

Für das Wohlbefinden des Menschen ist wichtig, wie sich das emotionale und das rationale Denksystem zueinander verhalten. Die Interaktion von Emotionen zu Gedanken. Das Leben stellt uns vor viele Situationen, die rational nicht zu bewältigen sind. Wenn wir in Trauer sind oder voller Angst, wenn wir krank sind und uns vor dem Tod fürchten, kann uns das rationale Gehirn nicht trösten. Die bloße Vorstellung einer uns schützenden Hand oder des ewigen Lebens hingegen beruhigt uns, schenkt uns emotionale Wärme und lässt uns weiter in unserem Leben funktionieren. Religion kann keine letztliche Wahrheit bieten und keine Logik. Aber unserem emotionalen Gehirn ist die Wahrheit egal. Gefühle sind nicht wahr oder falsch. Die religiösen Erzählungen sind für Asma eine Brücke zwischen dem emotionalen und dem rationalen System. Sie integrieren das magische Denken in die sachliche Welt. Wenn wir uns hingegen vom magischen Denken ausschließen, schneiden wir uns von unseren emotionalen Ressourcen ab. Für Asma ist Religion eine kognitive Schmerztherapie, wer religiös ist, hat einen besseren Zugang zu seinem emotionalen System. Für ihn ist das magische Denken genauso wichtig wie das rationale, während der strikte Atheismus den Menschen sinnlosem und vernichtendem Schmerz ausliefert.

7. Wer glaubt, weiß, warum er etwas tut

Glauben ist ein innerer Kompass. Wir können unmöglich stets aus der Situation, die sich uns bietet, erkennen, was das Beste zu tun ist. Aber wir können es aus unserem Glauben heraus erkennen. Ich habe einen Journalisten kennengelernt, der in der DDR Pfarrer hatte werden wollen. Aber als Pfarrer, sagte er mir, das habe er irgendwann begriffen, sei er falsch gewesen. »Zu wenig Rampensau, verstehst du?« Und als Journalist habe er nicht arbeiten können in der DDR. Weil er Theologe war. Also lernte er Lithografie. »Für mich war es immer wichtig, daraus kein Geheimnis zu machen«, sagt er. Sein Glaube sagte ihm, was richtig zu tun sei, obgleich die politische Situation in der DDR etwas völlig anderes nahelegte. Aber es war keine Option für ihn, gegen seinen Glauben zu handeln. Es war richtig gewesen. Die DDR ging unter, und der Lithograf wurde bei einer West-Zeitung im Politikressort eingestellt, weil man bei ihm sicher sein konnte, dass er keine Stasi-Vergangenheit habe. Anders als viele der in der DDR tätigen Journalisten. Noch heute hilft ihm sein Glaube als Kompass. »Ich bin gegen Kriegseinsätze, weil ich der Überzeugung bin, ein Mensch darf keinen anderen töten. Ich muss nicht herumlavieren und strategische Überlegungen anstellen, ich sage geradeheraus, was ich denke.« Wer glaubt, weiß, warum er in einer bestimmten Weise handelt. Auch wenn es unbequem ist.

8. Glaube ist Glauben an die Liebe

Wir neigen zu der Annahme, dass Menschen sich egoistisch verhalten und vor allem auf ihren eigenen Vorteil bedacht sind. Aber das stimmt nicht. Wenn man sich die Mühe macht zu messen, wann Menschen sich nur auf ihren eigenen Vorteil bedacht verhalten und wann sie mit anderen zusammenarbeiten, stellt man fest, dass soziales Verhalten weitaus häufiger ist. Wir wollen einander grundsätzlich Gutes tun und erwarten Gutes. Das Christentum lehrt, dass Liebe nicht das Ziel des Verhaltens, sondern der Antrieb sein soll. So wie im ersten Korintherbrief steht: »Wenn ich mit Menschen- und mit Engelzungen redete und hätte der Liebe nicht, so wäre ich ein tönend Erz oder eine klingende Schelle. Und wenn ich weissagen könnte und wüsste alle Geheimnisse und alle Erkenntnis und hätte allen Glauben, also dass ich Berge versetzte, und hätte der Liebe nicht, so wäre ich nichts. Und wenn ich alle meine Habe den Armen gäbe und ließe meinen Leib brennen und hätte der Liebe nicht, so wäre mir's nichts nütze.« Liebe ist die Grundbedingung der Existenz, sie ist etwas, woran wir alle teilhaben. Wer Glauben hat, der verinnerlicht, dass Liebe nichts ist, was wir uns verdienen, wenn wir uns an bestimmte Regeln halten. Liebe ist das, aus dem wir bestehen. Liebe ist nicht zu fassen und nicht zu messen. Sie ist das Metaphysische in uns. Sie kann nicht ohne Menschen bestehen. In all ihren Formen ist sie Ausdruck des Bundes Gottes mit den Menschen. Wer glaubt, der ahnt, dass er göttlich handeln kann, indem er liebt. Und er spürt, dass in jedem Menschen, dem er begegnet, etwas Göttliches steckt, dem er mit Liebe begegnen muss.

9. Glaube gehört nur einem selbst

Der Glaube ist die intime Verbindung mit dem Universum. Eine Beziehung, in der es nur einen selbst und Gott gibt. Niemand kann darüber urteilen oder sich einmischen. Glaube ist nicht das, was in der Bibel steht. Er lebt in den Menschen. Kein Mensch kann bewerten, was der gute Glaube ist und was nicht. Die Heilige Schrift ist ein Buch, in dem Menschen versucht haben, sich die Werke Gottes zu erklären. Sie ist Gottes Wort, aufgeschrieben von Menschen – nicht Gottes Wort selbst. Zur Heiligen Schrift wird die Bibel nicht, indem sie gedruckt wird, sondern indem man sie liest. Erst das, was in einem selbst vorgeht und was man damit tut, ist der Glaube. In unseren Köpfen wird die Bibel immer wieder neu geschrieben. Und weil sie Privatsache ist, darf sich niemand über den Glauben des anderen erheben. Auch nicht über den Glauben derer, die meinen, nicht zu glauben.

10. Er gibt nur den Sinn oder die Sinnlosigkeit

Die Frage nach Glauben oder Nichtglauben lässt sich auch sehr vereinfachen. Entweder die Welt ist bestimmt von Zufall und Chaos. Das ist eine trostlose Vorstellung. Denn dann gibt es kein Ziel, keinen Sinn und auch keine Regeln und keine Moral. Oder die Welt hat einen Sinn. Einen Sinn, in dem wir alle geborgen sind. Auch wenn wir ihn nicht erkennen können. Dann ist alles gut.

Ich glaube. Denn ich will, dass die Dinge gut sind.

Da war die warme Sonne des Nachmittags und das Glitzern auf dem Wasser und der Geruch von warmem Gras in der Luft. Das war unser Tag. Wenn du die Liebe in dir hast, musst du ihr folgen. Manchmal gibt es kein Ziel, aber einen Weg. Ein Weg, den man geht, weil man sich einmal dazu entschieden hat. Das hat mich und meinen Freund vielleicht am stärksten verbunden. Und es war am deutlichsten daran zu erkennen, welchen Fußballvereinen wir unsere Zuneigung schenkten. Es ist ja vielleicht nicht einmal so, dass man sich einen Fußballverein aussucht. Der Verein sucht dich aus. Man ist zur richtigen Zeit am richtigen Ort oder eben auch zur falschen Zeit am falschen. Es kann sein, dass man als Kind irgendwo aufgewachsen ist oder eine besondere Zeit in einer besonderen Stadt verbracht hat oder besondere Menschen kennengelernt hat, die alle einen bestimmten Verein liebten. Irgendwann jedenfalls überträgt sich diese Liebe, und dann ist sie Schicksal. Man kann einen Fußballverein nicht ablegen, man kann aber auch nicht beeinflussen, ob er einen mit Siegen beschenkt oder mit Niederlagen beregnet. Mein Freund war Fan von Werder Bremen, ich von Eintracht Frankfurt. Es sind jeweils Vereine, die auf etliche glanzvolle Tage verweisen können – und auf noch viel mehr trübe Zeiten. Eintracht Frankfurt ist ein Verein, bei dem ein verheißungsvoller Saisonauftakt oft bedeutet, dass man spätestens im Herbst im Abstiegskampf ist. Und bei Bremen ist es kaum anders. Jede Saison ein Drama mit mutigen Auftritten und epischen Niederlagen. Am Ende drängeln sich Bremen und Frankfurt regelmäßig auf den hinteren Tabellenplätzen, und die Frage ist, wen von beiden es vielleicht erwischt. »Dieses Mal steigen wir ganz sicher ab«, pflegte mein Freund zu sagen. Die falschen Entscheidungen beim Einkauf der Spieler, die falsche Strategie, Geldmangel, Pech: Mein Freund war sich auch stets sicher, dass es die Bremer auch verdient hätten, diesmal – jede Saison. Bei Frankfurt war ich oft derselben Meinung. Ich entgegnete ihm, dass Frankfurt es im Gegensatz zu Bremen WIRKLICH verdienen würde. Mein Freund hat nie in Bremen gewohnt, er wurde Fan, als der Verein eine der führenden Mannschaften war, da war er noch Schüler. Mir ging es ähnlich. Als ich in Frankfurt in sinnlosen Soziologie-Seminaren saß, war die Eintracht gerade eines der coolsten Teams Deutschlands mit Trainer Stepanović und Anthony Jeboah. Ich hörte mit meinen Studienkollegen die Bundesliga-Fußballkonferenz im Radio, und wir tranken dabei Bier. Ich musste nicht einmal ins Stadion gehen, um die Eintracht zu lieben. Doch dann ging es bald bergab. Aber die Liebe war da, und sie nahm mich mit. Ebenso war es bei meinem Freund.

Ich empfand es als ein Zeichen von Charakterstärke, dass er einem mittelmäßigen Verein die Treue hielt. So wie ich es für billig halte, Bayern München oder Borussia Dortmund gut zu finden. Das ist einfach ein Abo auf gute Nachrichten. Wer hingegen einer gebeutelten Mannschaft die Treue hält, weiß einfach, dass das Leben nicht nur gute Nachrichten kennt.

Als wir uns gemeinsam in den Zug von Berlin nach Bremen setzten, um dort das Spiel Bremen gegen Frankfurt im Weserstadion zu sehen, war die Lage schon wieder prekär. Die Mannschaft, die hier Punkte machen würde, würde eine wichtige Atempause im Abstiegskampf erhalten. Mein Freund war als Werder-Fan noch nie im Weser-Stadion gewesen. Er hatte noch nie seine Mannschaft anfeuern können. Doch an diesem Samstag sollte das anders sein.

Es war der erste Ausflug, den wir gemeinsam machten. Noch im Zug stimmten wir uns ein, erzählten uns die vergangenen Heldengeschichten und tragischen Begebenheiten unserer Vereine. Wie Eintracht Frankfurt 1996 schon quasi abgestiegen war und dann im entscheidenden Spiel Bayern München ein 1:1 abrang, um dann trotzdem unterzugehen.

Oder wie Frankfurt sich am letzten Spieltag mit einem 5:1 gegen Kaiserslautern in der Verlängerung noch vor dem Abstieg rettete.

Mein Freund schwärmte davon, wie Bremen 2004 ganze 23 Spiele hintereinander nicht verlor und sogar Bayern mit 3:1 deklassiert hatte, bevor der Verein nach dem Bundesliga-Titel auch noch den Pokal holte.

In Bremen schien die Sonne, und wir kamen gerade so im Stadion an, dass wir noch ein Bier kaufen und uns zu unseren Plätzen vorkämpfen konnten, bevor der Anpfiff ertönte. Hinter uns war der Gästeblock der Frankfurter. Sie trommelten und grölten wie die Blöden. Frankfurt ist eine Stadt der Banker, aber was die Fußballfans betrifft, hat die Eintracht es geschafft, alle Vollidioten der Stadt auf ihre Seite zu bekommen. Wenn Eintracht-Fans irgendwo auswärts aufschlagen, kommen etliche schon hackeblau im Stadion an, und man kann froh sein, wenn sie nicht randalieren.

Direkt vor uns saß ein Eintracht-Fan, der mit seiner Freundin angereist war. Wir hatten Sitzplätze direkt in der Südkurve, doch der Typ sprang immer wieder auf und brüllte. Wir konnten nichts sehen. Hinter uns mahnte ein älterer Bremen-Fan, er solle sich halt setzen, hier gebe es keine Stehplätze. Der Frankfurter drohte ihm Schläge an. Ein anderer Bremer drohte dem Frankfurter Schläge an. Die Freundin versuchte ihn zu beruhigen, der Frankfurter schrie die Freundin an. Da saßen wir nun also, mein Freund und ich, inmitten des echten Fußballs und duckten uns über unsere Bierbecher, hoffend, dass hier keine Fäuste fliegen würden. Auf dem Spielfeld vergab Zlatko Junuzović eine Ecke für Bremen.

Glücklicherweise fand sich ein Bremen-Fan, der spontan den Arm um die Schulter des aufgebrachten Frankfurters legte und ihn auf diese Weise beruhigte. Wenig später hatten sie Fanfreundschaft geschlossen, das sind die kleinen Fußballwunder, die man so erleben kann. Auf dem Platz verfehlte Clemens Fritz das Frankfurter Tor knapp, es entwickelte sich nicht gut für meinen Verein. Schon wieder ging ein Kopfball von Pizarro knapp daneben. Frankfurt spielte lustlos. Aber mein Freund redete schon mal die Niederlage von Bremen herbei. Ein brillanter Fußballfatalist, auch wenn man auf einen Sieg hoffen konnte, sah er das Unheil kommen. Hinter uns wurden die Eintracht-Trommler leiser und verstummten dann ganz, das Spiel versackte in Mittelmäßigkeit. Mal hier eine Gelbe Karte für Bastian Oczipka, mal dort ein scharfer Schuss von Zlatko Junuzović. Ich richtete mich auf ein versöhnliches 0:0 ein, als mein Freund plötzlich die Arme hochriss: 1:0 in der 88. Minute durch Papy Djilobodji nach einer großartigen Vorlage von Anthony Ujah. In der Nachspielzeit sahen wir noch einen Verzweiflungsschuss von Luc Castaignos, dann hatte Bremen gesiegt. Wir ließen uns beide aus dem Stadion spülen, mein Freund war hochzufrieden. Mich tröstend, dass die Eintracht ja auch nicht sooo schlecht gespielt habe.

Die Welt war im Gleichgewicht, Frankfurt hatte sich mal wieder in den letzten Spielminuten vernichten lassen. Bremen hatte sich mal wieder gerade so gerettet.

Ich war geschlagen, aber zufrieden. Mein Freund auf der Siegerseite – aber immer beteuernd, dass das noch gar nichts heiße im Abstiegskampf.

Wir schlenderten am Ufer der Weser entlang. Verliebte Paare fläzten sich im Gras der Uferböschung. Leichter Wind blies uns zu. Mein Freund sagte: »Schau doch mal, wie schön das hier ist, was für ein wunderschöner Ort.«

Es war unser Tag, unser Ort, unser Moment. So werde ich ihn in Erinnerung behalten.

Für alle Lebensliebhaber bietet das Gütersloher Verlagshaus Durchblick, Sinn und Zuversicht. Wir verbinden die Freude am Leben mit der Vision einer neuen Welt.

UNSERE VISION EINER NEUEN WELT

Die Welt, in der wir leben, verstehen.

Wir sehen Menschlichkeit als Basis des Miteinanders: Mitgefühl, Fürsorge und Beteiligung lassen niemanden verloren gehen. Wir stehen für gelingende Gemeinschaft statt individueller Glücksmaximierung auf Kosten anderer.

....

Wir leben in einer neugierigen Welt: Sie sucht ehrgeizig und mitfühlend Lösungen für die Fragen unseres Lebens und unserer Zukunft. Wir fragen nach neuem Wissen und drücken uns nicht vor unbequemen Wahrheiten – auch wenn sie uns etwas kosten.

....

Wir leben in einer Gesellschaft der offenen Arme: Toleranz und Vielfalt bereichern unser Leben. Wir wissen, wer wir sind und wofür wir stehen. Deshalb haben wir keine Angst vor unterschiedlichen Weltanschauungen.

**Das Warum und Wofür
unseres Lebens finden.**

**Erfahren, was uns im Leben
trägt und erfreut.**

**Wir helfen einander,
uns selber besser zu verstehen:**
Viele Menschen werden sich erst
dann in ihrem Leben zuhause
fühlen, wenn sie den eigenen We-
senskern entdecken – und Sinn in
ihrem Leben finden.

....

**Wir ermutigen Menschen, zu ihrer
Lebensgeschichte zu stehen:**
In den Stürmen des Alltags geben
wir Halt und Orientierung. So
können sich Menschen mit ihren
Grenzen aussöhnen und zuver-
sichtlich ihr Leben gestalten.

....

**Wir haben den Mut, Vertrautes
hinter uns zu lassen:**
Neugierde ist die Triebfeder eines
gelingenden Lebens. Wir wagen
Neues, um reich an Erfahrung zu
werden.

**Wir glauben an die Vision
des Christentums:**
Die Seligpreisungen der Bergpre-
digt lassen uns nach einer neuen
Welt streben, in der Vereinsamte
Zuwendung, Vertriebene Zuflucht,
Trauernde Trost finden – und
Gerechtigkeit, Barmherzigkeit
und Frieden herrschen.

....

**Wir geben Menschen die
Möglichkeit, den Glauben (neu)
zu entdecken:**
Persönliche Spiritualität gibt
Kraft, spendet Trost und fördert
die Achtung vor der Schöpfung
sowie die Freude am Leben.

....

**Wir stehen mit Respekt vor
der Glaubenserfahrung anderer:**
Wissen fördert Dialog und Verständnis, schützt vor Fundamen-
talismus und Hass. Wir wollen
die Schätze anderer Religionen
kennenlernen, verstehen und
respektieren.

GÜTERSDIE
LOHERVISION
VERLAGSEINER
HAUSNEUENWELT

Bibliografische Information der Deutschen Nationalbibliothek
Die Deutsche Nationalbibliothek verzeichnet diese Publikation
in der Deutschen Nationalbibliografie; detaillierte bibliografische
Daten sind im Internet über https://portal.dnb.de abrufbar.

climate-id.com/12559-1708-1001

Verlagsgruppe Random House FSC® N001967

1. Auflage
Copyright © 2018 Gütersloher Verlagshaus, Gütersloh,
in der Verlagsgruppe Random House GmbH,
Neumarkter Str. 28, 81673 München

Umschlagmotiv: pixabay.com
Druck und Bindung: GGP Media GmbH, Pößneck
Printed in Germany
ISBN 978-3-579-08706-1

www.gtvh.de